Georg Schwikart

Prüft alles, behaltet das Gute

Georg Schwikart

Prüft alles, behaltet das Gute

Selbst entscheiden, was man glaubt

HERDER

FREIBURG · BASEL · WIEN

Für Theresia und Lukas

MIX
Papier aus verantwor-
tungsvollen Quellen
FSC® C083411
www.fsc.org

© Verlag Herder GmbH, Freiburg im Breisgau 2015
Alle Rechte vorbehalten
www.herder.de

Satz: Barbara Herrmann, Freiburg
Herstellung: CPI books GmbH, Leck

Printed in Germany

ISBN: 978-3-451-32809-1

Inhalt

Prüft alles und behaltet das Gute

Heinz, der Malermeister, erzählte mir auf der Straße in seinem rheinischen Singsang, er wäre unlängst plötzlich schwer erkrankt und habe sich einer Notoperation unterziehen müssen. Im Krankenhaus dann (und das sagt er mit großen Augen, die meine Reaktion abschätzen wollen) betete er: »Zu Jesus, zu Mohammed, zu Buddha – dat war mir janz ejal.« Er ist gesund geworden. Und ich beruhigte ihn: »Tu, was dir guttut.«

Heinz ist nicht allein mit seiner Haltung. Immer größer wird die Zahl derer, die die Grenzen des Christentums überschreiten. Sie wählen nicht nur aus, was sie aus ihrer hergebrachten Religion beibehalten und was sie über Bord werfen wollen. Sie schauen sich auch um, was andere anzubieten haben, und integrieren einzelne Elemente daraus in ihre Religiosität.

Die Kirchen – als institutionalisierte Religion – finden das gar nicht gut. Ich hörte im vergangenen Jahr eine Predigt, in der genau dieses Verhalten kritisiert wurde: »Wie kann man als Christ eine Buddhafigur im Regal stehen haben, in die indianische Schwitzhütte gehen oder an Kursen über islamische Mystik teilnehmen?« Als echte Frage wäre das interessant. Dann könnte man nämlich sehen, ob es eine Antwort darauf gibt. Möglicherweise können diejenigen, die ihren Glauben durch Versatzstücke aus anderen Kulturen bereichern, gar nicht ausdrücken, warum sie das tun. Doch wahrscheinlich ist die Formulierung »Wie kann man ...« gar keine Frage, sondern reine Rhetorik, also ein Vorwurf im Sinn von: Wie kann man nur, was man nicht darf! Wir stellen allerdings fest: Man kann als Gläubiger jeder Religion offensichtlich Dinge miteinander kombinieren, die für die Theologie unvereinbar erscheinen. Und so läuft die Rüge von der Kanzel ins Leere. Glaube lässt sich nicht mehr von oben verordnen.

Die Welt ist ein Markt der Möglichkeiten geworden, auch im Bereich des Glaubens. Das Christentum eignet sich für viele heute nicht mehr als allein seligmachend; sie stricken sich eine Patchwork-Religion zusammen. Das Fachwort dafür lautet: Synkretismus. Das klingt irgendwie ganz schlimm, wie eine Krankheit. Aber so schlimm ist es gar nicht. Das Christentum selbst ist durch seine Bereitschaft, sich ursprünglich Fremdes anzueignen, zur Weltreligion avanciert. Nur scheint immer irgendwann der Zeitpunkt erreicht zu sein, da man von offizieller Seite her annimmt, nun sei es aber genug, die Lehre vollkommen, der Ritus perfekt und überhaupt keine Frage mehr offen. Ab dann heißt es bewahren und das Überlieferte verteidigen gegen die Einflüsse der Zeit, die aber bekanntlich nicht stillstehen will.

Doch die Gläubigen glauben, was sie wollen. Mit dem Wegfall der Zuchtmittel (Ketzer werden nicht mehr verbrannt) und im Zuge der allgemeinen Globalisierung entdecken immer mehr Menschen, dass es eigentlich schade wäre, den ungeheuren Reichtum der religiösen Erfahrung der Menschheitsgeschichte ungenutzt zu lassen.

Fakt ist: Diese Entwicklung nur zu kritisieren ist banal. Sie ruft nicht nach Bekämpfung, sondern nach Auseinandersetzung. Die Religion ist in der Tat ein weites Feld wie die Liebe auch. Wenn wir uns aber vorurteilsfrei dem Phänomen des Synkretismus widmen, werden wir dabei auch die ungeahnten Chancen entdecken, die mit der neuen Offenheit einhergehen. Die Entwicklung wird weitergehen, ob wir wollen oder nicht. Und sie wird die Kirche verändern. Gestalten wir diese Veränderung doch mit! Die Glaubenden wollen selbst entscheiden, was sie glauben.

Ich nähere mich diesem Phänomen im Folgenden an, mit meinen eigenen Gedanken, Fragen und Erfahrungen und denen anderer Autorinnen und Autoren. Natürlich kann man die Sache auch anders sehen, aber meiner Ansicht nach ist die Hauptsache doch, dass wir Christen in einen aufrichtigen Dialog eintreten: untereinander, in der eigenen Konfession, mit den anderen Kirchen und Religionen und auch mit denjenigen, die nicht glauben. Alle haben etwas zu sagen.

Über meinem Schreibtisch hängt ein Kruzifix, das ich als junger Mensch in Assisi erworben habe: ein starkes Symbol für meinen Glauben – aber nicht das einzige. Der Apostel Paulus rät selbst: »Prüft alles und behaltet das Gute!« (1 Thessalonicher 5, 21). Diese Fähigkeit hat das Christentum durch die Zeiten gebracht und wird es auch weiterhin tragen. Christ sein heißt: unterwegs sein. Machen wir uns auf!

Sankt Augustin, am Neujahrsfest 2015
Georg Schwikart

Für konstruktive Kritik am Manuskript danke ich aufrichtig Ursula Schairer, Stefan Zimmer und Marlene Fritsch.

Einladung zur Expedition

Wer selbst entscheiden will, was er glaubt, muss erst einmal wissen, was es alles zu glauben gibt. Es ist wie im Gasthaus nach dem Studium der Speisekarte: Man muss sich entscheiden. Möglicherweise lässt sich ein Gericht abändern oder mit einem anderen kombinieren. Aber alles kann man nicht bestellen. Im Reich der Religion kann man auch nicht alles glauben. Manche Vorstellungen lassen sich kaum angleichen oder widersprechen sich sogar. Vieles ist sich aber auch zum Verwechseln ähnlich.

In diesem Buch lade ich die Leserinnen und Leser zu einer Reise in die Welt der Religion ein. Es wird eine Expedition! Wie wir von fernen Ländern bestimmte Bilder im Kopf haben, bevor wir jemals dort waren, so sind wir auch von Vorstellungen über die Religion an sich und über die einzelnen Religionen geprägt, bevor wir uns näher damit beschäftigt haben.

Religionen sind sehr unübersichtliche Erscheinungen. Zahlreiche Faktoren bestimmen das Erscheinungsbild dessen, was wir Glauben nennen. Da geht es beispielsweise um Psychologie, um Wahrheit, um Glück, um Regeln und Zeremonien, um das Verständnis von Sprache und Symbolen, um ein gutes Leben auf der Erde, um den Zugang zum Himmel und um Gott, der sich »offenbart«, also zu erkennen gibt.

Einige Glaubensvorstellungen mögen wir als völlig unverständlich und absurd ablehnen. Andere erscheinen uns plausibel und nachvollziehbar – wahrscheinlich jene, an die wir uns einfach gewöhnt haben. Bedenken wir: Alles, was geglaubt wird, ist unter spezifischen Bedingungen entstanden, das heißt: in einer bestimmten Zeit, unter bestimmten politischen und gesellschaftlichen Verhältnissen. Glaubensinhalte haben immer zu einer bestimmen Zeit Antworten auf drängende, meist existenzielle Fragen gegeben. Es kann aber sein, dass wir heute diese Fragen nicht mehr stellen und daher mit den Antworten auch nichts mehr anfangen können.

Zur Grundausstattung unserer »Reise« benötigen wir daher zunächst Offenheit für das Neue und Fremde, allerdings auch für das Alte, das wir zu kennen meinen. Forschungsreisen sind keine Spaziergänge in lauer Sommernacht. Wir werden bestimmt auch auf wenig Angenehmes stoßen, auf Anstrengendes, Langweiliges. Die Auseinandersetzung mit dem Glauben macht Mühe – mitunter die Mühe auszuhalten, dass wir etwas nicht verstehen. Doch so etwas wie beispielsweise die Dreifaltigkeit Gottes kann man nicht verstehen, wie man die Funktionsweise eines Hubschraubers begreift. Es gibt Dinge, da bleibt nur das Aushalten, auch das Aushalten mehrerer Entwürfe, die uns je auf ihre Weise Gott und das Leben erklären wollen. Diese Vielfalt muss uns nicht gleichgültig lassen, doch warum sollte es nicht gelingen, sie gleich gültig sein zu lassen?

Ich höre bereits die Warnung, hier drohe »religiöser Indifferentismus«. Einige Menschen geben vor, genau zu wissen, was richtig und was falsch ist. Sie wissen zum Beispiel, welche Frage eine unbedingte Entscheidung verlangt, etwa die nach dem einzig wahren Glauben. Papst Gregor XVI. verurteilte den Indifferentismus als »jene verkehrte, allenthalben durch die Täuschung der Bösewichte verbreitete Meinung, man könne mit jedem beliebigen Glaubensbekenntnis das ewige Seelenheil erwerben, wenn man den Lebenswandel an der Norm des Rechten und sittlich Guten ausrichte«. Der Alte Fritz, König Friedrich der Große von Preußen, hingegen konnte großzügig bescheiden, jeder solle »nach seiner Façon« selig werden.

Mit Leidenschaft haben sich die Religionen aller Couleur in ihrer Geschichte mit dem rechten Glauben auseinandergesetzt, was aber immer auch bedeutete: Man grenzte sich vom »falschen« Glauben ab. Das Stichwort lautet: Irrlehre. Jene, die solchen anhingen, wurden ermahnt, zwangsmissioniert, ausgeschlossen, vertrieben, getötet. Ehrlicherweise müssen wir für das Christentum feststellen, dass mindestens drei Viertel aller Christen heute nicht (mehr) das glauben, was die Theologen streng genommen für dogmatisch richtig halten. Doch bereits innerhalb der Theologie wuchern die wildesten Entwürfe durcheinander. Die Bibel kann nur bedingt als Korrektiv fungieren, denn welche Autorität sie besitzt, ist an sich schon ein heißes Thema.

Wen aber interessiert noch Theologie? Längst findet der Auszug der Gläubigen aus den kirchlichen Strukturen statt. Es sind nicht Einzelne, die in der Kirche heimatlos geworden sind, das ist mittlerweile vielmehr der Normalzustand. Traditionsabbruch heißt das Schlagwort, das uns klarmachen soll: Es wird in Zukunft immer schwerer werden, innerhalb des Christentums zu glauben.

Ich wurde 1964 geboren. Damals gab es noch eine Volkskirche, das heißt: Kirche war eine lebensgestaltende Kraft. Diese Kirche konnte ich lieben, auch an ihr leiden. Ich konnte mit ihr streiten und daran arbeiten, sie zu verändern. Heute finden Menschen kaum noch diesen Zugang. Sie betrachten nicht die großartige Idee von Kirche, sondern ihre ernüchternde Wirklichkeit, und wenn sie keinen Mehrwert verspricht, wenden sie sich ab.

Das bedaure ich. Ich möchte alle Enttäuschten einladen, sich innerhalb der kirchlichen Gemeinschaft – frei nach Kant – ihres eigenen Glaubens zu bedienen. Wie in der Medizin: Was hilft, hat recht.

Eigentlich seltsam, dass sich im Christentum eine Enge entwickeln konnte, wo doch Jesus selbst eine bemerkenswerte Weite an den Tag legte. Als der Hauptmann von Kafarnaum Jesus bittet, seinen Diener zu heilen, ist der Messias überrascht: Da wagt es ein Römer, ein Besatzer, ein hoher Militär und dazu noch ein »Heide«, dem kleinen jüdischen Rabbi eine Bitte vorzutragen. »Als Jesus das hörte, staunte er und sprach zu denen, die ihm folgten: Amen, ich sage euch: Bei niemand in Israel habe ich solchen Glauben gefunden. Ich sage euch: Viele werden von Osten und Westen kommen und mit Abraham, Isaak und Jakob im Himmelreich zu Tisch liegen. Die Söhne des Reiches aber werden hinausgestoßen in die Finsternis draußen. Dort wird Heulen und Zähneknirschen sein« (Matthäus 8,10–12). Der Diener wurde übrigens gesund. Aber niemand sollte sich zu sicher fühlen, auf dem richtigen Glaubensweg zu sein. Auf einmal lassen sich Leute von Osten und Westen am Tisch nieder – und wir dachten doch, die Plätze seien für uns reserviert!

Brechen wir daher auf! Ich möchte zur Debatte anregen, erklären, provozieren, meine Ansicht darlegen in dem Bewusstsein, dass es nur meine persönliche Perspektive auf das große Mysterium des Glaubens ist. Ich bin jedoch überzeugt, dass sich die Christen in der Vergangenheit zu sehr damit beschäftigt haben, den Glauben definieren zu wollen. Es kann sein, dass es am Ende gar nicht um die Orthodoxie, also die wahre Lehre geht, sondern um die Orthopraxie, also das richtige Tun. Es kann auch sein, der Herr spricht »An jenem Tage« so, wie der Dichter Joachim Dachsel:

An jenem Tage,
der kein Tag mehr ist – vielleicht wird er sagen:
Was tretet ihr an
mit euren Körbchen voller Verdienste,
die klein sind wie Haselnüsse
und meistens hohl?
Was wollt ihr
mit euren Taschen voller Tugenden,
zu denen ihr gekommen seid
aus Mangel an Mut,
weil euch Gelegenheit fehlte,
oder
durch fast perfekte Dressur?
Hab ich euch davon nicht befreit?
Wissen will ich:
Habt ihr die anderen
angesteckt mit Leben
so wie ich euch?

Das Pantheon-Syndrom – oder: Synkretismus ist keine Erfindung des 21. Jahrhunderts

Die Kirchen meiner Kindheit

Die Kirche meiner Kindheit war schlicht. Einerseits das Gotteshaus selbst: ein zwischen 1958 und 1960 erbauter, ziemlich quadratischer, an den mittelalterlichen Kirchturm angefügter Backsteinbau, der eine kleinere Vorgängerkirche aus dem 19. Jahrhundert ersetzte. Im seinerzeit noch weiß gehaltenen Inneren dominierte ein großzügiger, erhöhter Altarraum. In der schmalen Apsis prangte ein Kruzifix mit einem Jesus in lebensechten Proportionen. Der Herr schien schon erlöst zu sein, als wäre er bereits auferstanden, denn kein Schmerz quälte sein sanftes Antlitz. Übrigens trug er nur einen schmalen roten Lendenschurz, den die Leute dort auch gern als »Badehose« bezeichneten.

Andererseits war damals auch mein Begriff von Kirche als Glaubensgemeinschaft schlicht: katholisch sein als Normalfall. Eine Pfarrgemeinde, die mit den Gottesdiensten und Festen den Lauf des Jahres gestaltete; eine Lehre, die mir öffentlich erklärte, doch auch subkutan einimpfte, wie Gott ist und was er will, was wir Menschen zu glauben, zu tun und zu lassen haben. Ein perfektes System, das keine Frage offen ließ.

Kirche – damals verstand ich sie nicht als außergewöhnliches Ereignis, sondern als selbstverständlichen Teil meiner Lebenswirklichkeit. Kirche und Glaube waren zwei Begriffe, von denen der eine nicht ohne den anderen gedacht und gebraucht werden konnte. Sie waren für mich Synonyme: zwei Wörter, die deckungsgleich sind. Mit einer solchen religiösen Sozialisation gehört man heutzutage einer aussterbenden Art an.

Mit vierzehn begegnete ich dann dem Protestantismus, der sich in meinem Heimatort in einer ambitionierten Sichtbetonkirche aus den Siebzigern darbot. Sie war faszinierend anders. »Bunker« nennt man dort das trutzige Bauwerk, eine Art zeitgenössischer Fortsetzung der Reformationshymne: »Ein feste Burg ist unser Gott«. Allein, dass in diesen kühlen, grauen Mauern vor der Revision der Lutherbibel von 1984 noch eine seltsam altertümliche Sprache in Schriftlesung und Liturgie Verwendung fand, irritierte mich als Jugendlicher. Aber die Sitzkissen waren grün und die Lampenschirme (wenn ich mich recht erinnere) orange, ein Variationsreichtum an Farben also, der mir den Pluralismus der Evangelischen versinnbildlichte.

Wie mir erging es Millionen anderer in unserem Land, die in Nachkriegskirchen in das Christentum hineinwuchsen. Viele alte Gotteshäuser waren zerstört worden und mussten in kürzester Zeit durch neue ersetzt werden. Zudem wuchsen die Gemeinden in diesen Jahrzehnten noch, man brauchte Platz für die Gottesdienstteilnehmer. Doch nicht allein den klammen Finanzen sind die Resultate geschuldet: Viele Kirchen, katholische wie evangelische, gleichen eher Schwimmbädern oder Fabrikhallen. Manche lassen noch eine sakrale Funktion erahnen, andere betonen offensiv den pragmatischen Charakter ihrer Gestaltung – Versammlungsräume eben. Diese Kirchen wirken mitunter so, als wären sie sich unsicher, wofür sie stehen, als würden sie sich verschämt anpassen, um nicht zu sehr aufzufallen. Wenn, wie ich oben sagte, Glaube und Kirche übereinstimmen, dann drücken

diese Bauten aus, wie langweilig und trostlos es dort zu-
gehen muss.

Wo Gott sonst noch wohnt

Natürlich, die Vorstadt- und Dorfkirchen früherer Zeiten sind
auch nicht gerade architektonische Meisterleistungen, und
ohnehin kann kein einzelner Kirchenbau alle Aspekte des reichen Schatzes christlicher Kirchen- und Glaubensgeschichte
transportieren. Umso mehr beeindrucken jene Sakralbauten,
die seit Jahrhunderten einfach durch ihre Präsenz eine
bestimmte Seite des christlichen Glaubens bezeugen. Aus den
römischen Markthallen ging die Form der Basilika hervor, Kirchen in der Bauweise der Romanik stehen für Festigkeit in unsicheren Zeiten, die gotische Variante strebt zum Himmel und
lässt das Licht durchbrechen. Der Barock wagt es zu spielen.

Auch wer keinerlei Fachwissen über Kirchengeschichte
und die Historie des Kirchenbaus hat, spürt doch schon
beim Betreten einer Kirche ihre Aura, ihre Botschaft. Im
wuchtigen Kölner Dom fühlt der Mensch sich klein. Macht
das Gott größer? In der Dresdner Frauenkirche betritt man
das Wohnzimmer des Allmächtigen (wenn man sich Gott als
vornehmen Adeligen vorstellt). Die Wallfahrtskirche von Le
Corbusier in Ronchamp vermittelt Geborgenheit, das in dun-
kelblaues Licht getauchte Achteck der Kaiser-Wilhelm-Ge-
dächtniskirche in Berlin sogar das Angebot von Transzendenz.
Der Petersdom in Rom schließlich präsentiert sich als Inbe-
griff von Macht und Herrlichkeit – des Herrn oder der katholischen Kirche?

Dabei ist Gott uns an jedem Ort auf dieser Welt nah. Er
wohnt, wo man ihn einlässt, wie Martin Buber sagt: am Meer

oder in den Bergen, in der Wohnung im vierten Stock der Neuen Heimat wie auch im zugigen Bauernhaus eines sterbenden Dorfes; am Esstisch, im Bett, auf dem Klo. Es liegt an uns, den angebotenen Kontakt aufzunehmen. Dafür kann eine Kirche hilfreich sein. Ein Raum, der nicht ablenkt, sondern hinführt zu Gott. Deswegen sind offene Kirchen so wichtig, sie laden ein, still zu werden und im Trubel des Daseins auf Gott zu lauschen. Wenn allerdings in den Kirchen Gottesdienst stattfindet, dann ist Gotteserfahrung nicht immer leicht. Zu viele Worte. Zu wenig Schweigen in seiner Gegenwart.

Das Pantheon: ein Ort für jeden Gott – bis heute

Eine Kirche, in der indes sehr selten geschwiegen wird und die heute eher einem Rummelplatz gleicht, symbolisiert die Situation der Religion unserer Tage vortrefflich: das Pantheon in Rom. Der römische Feldherr Agrippa besiegte im Jahr 27 v. Chr. die Perser und ließ aus Dank einen Tempel »für alle Götter« bauen; der griechische Ausdruck dafür ist *Pantheon*. Nach einigen Zerstörungen wurde um das Jahr 120 n. Chr. auf den Grundmauern dieses Gebäudes von Kaiser Hadrian ein neuer Tempel errichtet, das Pantheon, wie wir es heute kennen. Es gilt als das besterhaltene Zeugnis antiker Baukunst.

Die gelungenen Proportionen sind eine architektonische Meisterleistung: Der Durchmesser der Kuppel entspricht ihrer Innenhöhe: etwa 43 Meter. Der runde Bau steht für die Unendlichkeit der darin verehrten Götter. Das fensterlose Gebäude empfängt Licht nur durch ein Loch in der Kuppel. Erschauernd blickt der Mensch auf: Neun Meter Durchmesser soll diese Öffnung haben? Man glaubt es kaum.

Alle Götter genossen also Verehrung im Pantheon und die Menschen im antiken Rom kannten eine ganze Menge davon. Die Römer waren überzeugt, dass alle Bereiche des Lebens unter göttlichem Einfluss stünden.

Was ihren Götterhimmel angeht, so waren sie nicht besonders wählerisch; viele Götter sind den entsprechenden griechischen Gottheiten angeglichen worden, dazu kamen später noch einige orientalische wie Isis, Epona und Baal. Wenn die Römer fremdes Territorium unterworfen hatten, praktizierten sie in den eroberten Tempeln das Ritual der *evocatio*, der Herausrufung: Die römischen Priester wandten sich an die fremden Götter und forderten sie auf:»Lauft zu uns über, dann verehren wir euch weiter!«

Und so lässt sich schon hier erkennen, wie einfach es zumindest für die Römer oft war, die Vorzüge und Traditionen anderer Religionen in die eigene zu übernehmen: Der höchste Gott war Jupiter, der dem griechischen Zeus ähnlich ist. Juno, seine Gattin, ist wie die griechische Hera Beschützerin der Frauen, der Ehe und der Familie. Wie ihr griechisches Vorbild Athene ist Minerva die Göttin der Kunst und der Wissenschaft. Der griechischen Göttin Artemis entspricht die römische Diana (Göttin der Jagd), der Aphrodite die Venus (Göttin der Liebe). Der griechische Hermes, der Götterbote und Gott des Handels, wurde von griechischen Kaufleuten nach Rom eingeführt und heißt hier Merkur; der römische Meergott Neptun entspricht dem griechischen Poseidon. Ceres, griechisch Demeter, ist die Göttin der Fruchtbarkeit, Bacchus, griechisch Dionysos, der Gott des Weines.

Religion bedeutete für die Römer vor allem die genaue Einhaltung von Vorschriften. Der Wille der Götter wurde aus Vorzeichen gedeutet; so lasen die Auguren aus dem Flug der Vögel günstige oder ungünstige Möglichkeiten ab; ein

Brauch, den die Römer von den Etruskern übernommen hatten. Kultische Handlungen waren vor allem Opfer (Speisen, Schlachttiere) und Gebete.

Viele Rituale wurden vom Familienvater (*Pater Familias*) zelebriert; es gab aber auch ein staatliches Priestertum. Dazu gehörten die Vestalinnen, die das heilige Feuer im Tempel der Vesta hüteten; die kärglichen Überreste dieses Tempels sind auf dem Forum Romanum zu besichtigen. Der höchste römische Priester trug den Titel *Pontifex Maximus*, der auf die Kaiser und schließlich auf die Päpste überging. Auch Kaiser konnten in den Götterstatus erhoben, »vergöttlicht« werden.

Zu Beginn des 7. Jahrhunderts wandelte man nun das Pantheon in eine Kirche um und weihte sie der »Heiligen Maria zu den Märtyrern«. Halten wir fest: Ohne christliche Besitzname wäre das Pantheon wohl zerstört worden wie andere »heidnische« Tempel.

Im Lauf der Jahrhunderte wurde das Pantheon immer wieder geplündert und beschädigt, einzelne Teile wurden demontiert und anderweitig verwendet. Man beraubte es seines wertvollen Schmucks: die vergoldeten bronzenen Dachziegel wurden eingeschmolzen und nach Konstantinopel gebracht; den Bronzebeschlag der Vorhalle (geschätzte 25 Tonnen) ließ Papst Urban VIII. für Kanonen und für den Bronzebaldachin über dem Hochaltar von St. Peter verwenden. Nur die großen bronzenen Eingangstüren sind noch im Original erhalten.

Dieser besondere Tempel färbt auf seine Umgebung ab, vor allem auf die *Piazza della Rotonda,* den Platz vor dem Pantheon. Hier wird die Nacht zum Tag, das Leben zum Fest. Wer je das Glück hatte, an dieser Stätte einen Septembernachmittag im Kreis lieber Menschen verbringen zu dürfen, dem brennen sich diese Stunden ein Leben lang ein. Mögen die Cafés hier in der Altstadt auch stillschweigend einen erheblichen Sehenswürdigkeitenzuschlag auf die Preise erheben – wie herrlich ist es doch, an solch einem geschichtsträchtigen Ort zu verweilen!

Hinter dem Pantheon handeln einige Läden – mit der gebotenen Zurückhaltung, aber deswegen nicht weniger geschäftstüchtig – mit speziellem Bedarf für Nonnen und Priester. Das Gesetz von Angebot und Nachfrage gilt auch hier: Soutanen, Messgewänder, Bischofsstäbe, Kelche, Behälter für Weihwasser, Käppchen für Kardinäle, Bauchstricke für Mönche, Heiligenfiguren oder wärmende Leibhemdchen für betagte Ordensfrauen. Der Fachhandel hat alles am Lager. Religion hat eben eine Innen- und eine Außenseite, sie kennt das Heilige und das Profane, wobei die einen beide Bereiche streng trennen und die anderen meinen, auch das Profane sei heilig, wie das Heilige letztlich profan sei.

Was sagt uns nun das Pantheon? Schon vor dem Christentum hatten die Menschen eine Religion, die ihr Leben beeinflusste. Die Christen haben es verstanden, diese in ihr System zu adaptieren – sowohl die Gebäude wie auch viele Riten und Vorstellungen. Was man damals geglaubt hat, ist nicht einfach verschwunden, sondern wurde in den christlichen Glauben aufgenommen. Flehte man erst zu den Göttern, so wandte man sich später an die Heiligen.

Schon vor zweitausend Jahren betete man in diesem kolossalen Rundbau, nur die Religion hat sich inzwischen geändert. Dabei scheint sich der Kreis wieder zu schließen: Die Tausenden von Touristen aus aller Welt, die heute tagtäglich ins Pantheon kommen und sich von seiner außergewöhnlichen Atmosphäre ansprechen lassen, bringen ihre unterschiedlichsten Religionen und Weltanschauungen mit und selbst die Atheisten unter ihnen zollen dieser Ikone der Architektur Respekt.

Das Pantheon erscheint von den Hügeln oder Aussichtsterrassen der Stadt aus schlicht wie eine Muschel am Strand. Wer aber hineingeht, der staunt. Nicht Kerzen oder Elektrizität spenden das Licht, sondern allein die Sonne. Kein Dach versperrt den Zugang zum Himmel – der Weg nach oben ist frei. Gottlob wird dieses Loch nie gestopft.

Diese vorchristliche Sakralstätte transportiert eine Botschaft, die Menschen aller Kulturen begreifen: Das Entscheidende ist – die Lücke, die Auslassung, die Leerstelle im Dach, die den Blick himmelwärts zieht. Das will ja Religion: unseren Blick für die Weite öffnen.

Das Pantheon ist offen für alle. Und so schön rund. Und rundherum brummt das Leben.

Da glaubt sich was zusammen!

Was ist Synkretismus?

Die griechische Silbe »syn-« (auch in ihren Variationen »sys-«, »syl-« und »sym-«) bedeutet »zusammen« oder »mit«, bezeichnet also eine Verbindung. Einige griechische Begriffe, in denen sich diese Silbe findet, sind in unseren aktiven Wortschatz eingegangen, zum Beispiel die Sympathie, die Synthese, das System, das Symbol, die Symmetrie oder die Symphonie. Außerdem kennen wir Fachwörter wie die Synchronisation, die Synapse, das Symposion oder die Synode. All diese Vokabeln haben einen wertneutralen Klang – nur beim Wort Synkretismus zucken diejenigen zusammen, die wissen, was sich dahinter verbirgt.

Genutzt wird es, um im Bereich einer Religion das Phänomen zu bezeichnen, Elemente aus anderen Religionen aufzunehmen und einzugliedern. Dieses Verfahren kann man ohne Bewertung beobachten. So erforscht die zeitgenössische Religionswissenschaft synkretistische Erscheinungen wie »Einfluss (einer Religion auf eine andere); Vereinigung (zweier Religionen); Eingliederung (fremder Gottheiten in eine Religion); Gleichsetzung (verschiedener Götter); Verschmelzung (verschiedener Gottheiten)«, wie der Religionswissenschaftler Ulrich Berner bemerkt. Er gibt zu bedenken, Synkretismus habe auch mit der Auseinandersetzung einer Religion mit modernen weltanschaulichen Systemen, die sich nicht als Religion verstehen, zu tun. Die ganze Dynamik religionsgeschichtlicher Prozesse umfasse zudem die Auswirkungen von Wissenschaft oder Wirtschaft auf die Religion.

Hermann Usener, ein Philologe und Religionswissenschaftler aus Bonn, bezeichnete 1898 Synkretismus noch als »Religionsmischerei«. Dieses Urteil setzte die Vorstellung voraus, es gäbe eine »reine Religion«, die an Qualität einbüße, also verwässert oder verfälscht würde, wenn sie aus »fremden« Religionen etwas übernähme.

Ein Austausch von Göttern war in der Antike ein probates Verfahren. Die Götter und Göttinnen der Römer waren, wie bereits dargelegt, kaum mehr als Kopien der griechischen Vorbilder und sie korrespondierten mit den noch älteren ägyptischen Gottheiten.

Ein betont synkretistisches Produkt ist die Bahá'í-Religion. Ihr Gründer Mirza Husain Ali Nuri erklärte 1863 in Bagdad (damals Osmanisches Reich, heute Irak), er sei nach Adam, Mose, Krischna, Buddha, Zarathustra, Christus und Mohammed der letzte und wichtigste Prophet. Er nannte sich fortan Bahá'u'lláh, »die Herrlichkeit Gottes«. Er gab Königen und anderen Staatsoberhäuptern bekannt, er sei gesandt, die Welt am Ende der Zeiten zu erlösen und Gottes Willen für ein neues Zeitalter zu verkünden.

Bahá'u'lláh (1817–1892) war zunächst selbst Anhänger eines persischen Religionsgründers, der sich als »Bab« verstand, als »Pforte der Erkenntnis«. Nach dessen Tod übernahm Bahá'u'lláh die kleine Anhängerschaft und weitete sie rasch aus. Vom Schah aus Persien verbannt, emigrierte er zunächst nach Bagdad, wo er sich 1863 zum »Verheißenen aller Religionen, dessen Kommen der Bab vorausgesagt habe«, erklärte.

Die heute 5 bis 8 Millionen Anhänger dieser Religion, die Bahá'í, glauben an einen Gott, der sich in allen Religionen offenbart, besonders jedoch durch den eigenen Stifter Bahá'u'lláh, der als Heilsbringer verehrt wird. Ihre ethische Grundhaltung beruht auf der Verkündigung von der Einheit der Menschheit in Frieden und Gerechtigkeit: »Der Hauptzweck, der den Glauben Gottes und Seine Religion beseelt, ist, das Wohl des Menschengeschlechts zu sichern, seine Einheit zu fördern und den Geist der Liebe und Verbundenheit unter den Menschen zu pflegen« (Bahá'u'lláh). Als Weg zum großen Ziel werden eine Welteinheitssprache und -währung, ebenso eine Weltgesetzgebung durch eine Weltregierung proklamiert. Von Anfang an verfolgte man in vielen Ländern die Bahá'i und verbannte sie aus dem Land. Noch heute ist diese Religion im Iran verboten. Das administrative Zentrum der Bahá'i liegt im israelischen Haifa.

Die monotheistischen Religionen, die nur den einen Gott verehren, betrachten den Synkretismus kritisch als eine Bedrängnis für den rechten Glauben. Die hebräische Bibel beschwört immer wieder die Gefahren herauf, die erwachsen, wenn man sich fremden Völkern – etwa Babylon – öffne; das schade dem Jahwe-Glauben und führe ins Unglück. Auch der Islam lehnt Synkretismus schroff ab. In beiden Religionen pflegt man das mehrmalige tägliche Bekenntnis, dass es wirklich nur *einen* Gott gibt. Offenbar bedarf es dieser nachdrücklichen Einschärfung, denn aller Erfahrung nach wird genau das wiederholt eingeimpft, was in Vergessenheit zu geraten droht. Den Christen werfen beide Religionen demnach auch bis heute vor, die Dreifaltigkeitslehre sei mit einem wahren Ein-Gott-Glauben unvereinbar.

Eigenartig: Würden wir die Vorstellung, dass es nur einen einzigen Gott gibt, wirklich ernst nehmen, dann könnte man den Synkretismus begrüßen, da doch überall ein und derselbe Gott bezeugt und verehrt wird, nur eben auf verschiedene Art und Weise.

Abgrenzung und Beeinflussung

Wenn man die Entwicklung eines Menschen, eines Volkes oder eines Landes betrachtet, spricht man von dessen Geschichte. Was in dieser Zeit geschieht, kann oft erst im Nachhinein recht verstanden, aufgeschrieben und interpretiert werden.

In Bezug auf Glaubensgemeinschaften und insbesondere für das Christentum gibt es noch zwei weitere Begriffe, die hierbei eine Rolle spielen: Das Wort »Heilsgeschichte« bezeichnet die Geschichte Gottes mit seinem Volk. Er handelt innerhalb der »profanen« Geschichte für das Heil der Menschen, von der Schöpfung bis zur Vollendung der Welt. Die »Kirchengeschichte« dagegen betrachtet die Entwicklung der Institution durch ihre Verstrickungen in die Geschehnisse der jeweiligen Zeit.

Die ersten Jahrhunderte des Christentums waren geprägt vom Ringen um den rechten Glauben und vom Überleben als eigenständige Religion. Die beiden »Apostelfürsten« Petrus und Paulus waren die Ersten, die den neuen Glauben in eine fremde Umgebung transferierten, denn das Christentum entstand in Landstrichen, die bereits religiös geprägt waren. Dem Apostel Petrus wurde nach neutestamentlichem Zeugnis von Jesus eine besondere Verantwortung für die Leitung der Kirche übertragen. Ob diese Beauftragung allerdings nur für ihn persönlich galt oder ob damit ein Amt geschaffen worden war, das auch seine Nachfolger gegenüber den übrigen Christen bevorzugte, das sollte später zu einem gravierenden Streitpunkt werden. Zur Aufgabe des Petrus gehörte es, innerhalb der »Mutterreligion« der ersten Christen (also des Judentums, denn in dem Land, in dem Jesus lebte und seine Botschaft verkündete, waren die allermeisten Menschen jüdischen Glaubens) den Glauben an Jesus als den Messias zu verteidigen. Wir haben ihm aber auch einen entscheidenden Schritt zur Öffnung des Christentums zu verdanken. Als traditionell sozialisierter Jude hielt er sich streng an die jüdischen Speisegebote. Doch dann hatte er eine Vision, während er auf einem Hausdach wartete, dass das Essen fertig wurde: »Er sah den Himmel offen und ein Behältnis wie ein großes Leinentuch herabkommen, das an seinen vier Enden auf die Erde herabgelassen wurde. Darin waren allerlei vierfüßige und kriechende Tiere der Erde und Vögel des Himmels. Und eine Stimme rief ihm zu: Steh auf, Petrus, schlachte und iss! Petrus erwiderte: Niemals, Herr! Noch nie habe ich etwas Unheiliges und Unreines gegessen. Da rief die Stimme zum zweiten Mal: Was Gott für rein erklärt hat, sollst du nicht unrein nennen! Das geschah dreimal. Dann wurde das Behältnis sogleich wieder in den Himmel emporgehoben« (Apostelgeschichte 10,11–16).

Unmittelbar darauf verlangten Boten des »heidnischen« Hauptmanns Kornelius, Petrus zu sprechen, denn dieser wollte Petrus kennenlernen. Der Apostel deutete seine Vision in der Weise, dass er die Gastfreundschaft des Kornelius annehmen und dessen Boten selbst Gastfreundschaft gewähren sollte. Könnten wir die Vision des Petrus, die sich um Speisegebote drehte, nicht auch erweitern auf eine Gastfreundschaft gegenüber »fremden« Glaubensvorstellungen?

Paulus hingegen war durch die Begegnungen auf seinen Reisen durch die damalige Welt gezwungen, dem Glauben ein System zu geben und ihn den Griechen und Römern verständlich und schmackhaft zu machen. Er verkündete die Frohe Botschaft unter den sogenannten Heiden und löste damit das Christentum als eigenständige Religion aus dem Bereich des Judentums heraus.

Paulus kannte beispielsweise den im römischen Reich verbreiteten Mithraskult bereits aus seiner Heimat Tarsus. Kaufleute und Sklaven brachten den persischen Gott Mithra ins Römische Reich. Er gilt als Verkörperung des Lichts und des Guten und als Beschützer der Wahrheit. Der Mithraskult, zu dem nur Männer zugelassen waren, praktizierte bereits eine Art Taufe, bei der man wie auch zu anderen Gelegenheiten Weihwasser gebrauchte. Zudem predigte man hier Tugenden wie Enthaltsamkeit und Selbstbeherrschung.

Die Anhänger des Mithras glaubten an ein überirdisches Paradies und an eine von Dämonen bevölkerte Hölle. Mithras galt ihnen als Sohn eines himmlischen Vaters und einer irdischen Jungfrau. Sie kannten eine Sintflut, glaubten an die Unsterblichkeit der Seele, an ein Jüngstes Gericht und an die Auferstehung der Toten am Ende aller Zeiten. Vor allem bei römischen Soldaten war dieser Kult sehr beliebt.

Auf den wenigen erhalten gebliebenen Mithrasdarstellungen wird er als Überwinder eines Stiers dargestellt, durch dessen vergossenes Blut die Welt erlöst wird. Die Darstellung kann auch als Sinnbild für den Kampf des Lichtes gegen die Finsternis gedeutet werden. Das Stieropfer vollzog man in Kultmahlen, bei denen Brot und Wein genossen wurden.

Der Mithraskult glich also in einigen Aspekten auffallend den christlichen Riten und Glaubensinhalten, vor allem beim Abendmahl. Doch Paulus wollte verhindern, dass Angehörige seiner Religion an nichtchristlichen kultischen Mahlfeiern teilnehmen und damit eine Bindung eingingen, die mit ihrer Einbindung in die christliche Gemeinschaft konkurrierte.

Auch wenn die rituellen Feiern der Heiden jenen der Christen ähneln sollten, so ist der grundlegende Unterschied doch die Bindung an Christus, die im Abendmahl zum Ausdruck kommt. Paulus verlangte von den Gläubigen eine Entscheidung, da man nicht an zwei Tischen Gast sein könne – am Tisch des Herrn und am Tisch der »Dämonen«: »Darum, meine Lieben, meidet den Götzendienst! Ich rede zu verständigen Leuten; urteilt selbst über das, was ich sage. Ist der Becher des Segens, über den wir den Segen sprechen, nicht Teilhabe am Blut Christi? Ist das Brot, das wir brechen, nicht Teilhabe am Leib Christi? Weil es ein Brot ist, sind wir viele ein Leib; denn wir alle haben Anteil an dem einen Brot. Schaut auf das irdische Israel: Haben nicht die, die von den Opfern essen, teil am Altar? Was sage ich damit? Dass Götzenopferfleisch etwas ist? Oder dass ein Götze etwas ist? Nein, sondern dass man das, was man dort opfert, den Dämonen und nicht Gott opfert. Ich will aber nicht, dass ihr Gemeinschaft mit Dämonen habt. Ihr könnt nicht den Becher des Herrn trinken und den Becher der Dämonen. Ihr könnt nicht Tischgenossen des Herrn sein und Tischgenossen der Dämonen« (1 Kor 10,14–21). Paulus versuchte also deutlich, den christlichen Glauben mit seinen Symbolen von fremden Ansichten und Zeichen abzugrenzen, aber ein Einsickern solcher Inhalte ins Christentum konnte er nicht aufhalten.

Ähnlich verläuft es in der Konfrontation mit der sogenannten Gnosis. Dieser griechische Begriff bedeutet »Erkenntnis, Einsicht« und steht für eine geistliche Strömung zu der Zeit, als das Christentum entstand. Die Lehre unterschied sich auf mancherlei Weise vom Christentum, hatte aber doch auch viele Gemeinsamkeiten und bildete so eine ernste Konkurrenz. Die Anhänger dieser Lehre, die Gnostiker, versuchten eine Antwort auf die Frage zu finden, wie das

Böse in die Welt gekommen ist. Sie glaubten, dass der Mensch sich seit dem Sündenfall immer weiter von Gott entfernt habe, bis schließlich nur noch ein verborgener göttlicher Funke in jedem Menschen übrig geblieben sei. Der Mensch sei nicht als Einzelner ein Sünder, sondern in ihm spiele sich der immerwährende Kampf zwischen Gut und Böse ab. Diesen Kampf zu durchschauen und zu erkennen ist das Ziel der Gnosis. Durch Erkenntnis könne der göttliche Funke befreit und damit die Erlösung erreicht werden, so dachten ihre Anhänger.

Die ersten Christen lavierten sich durch zwischen dem, was sie vom Evangelium Christi gehört und begriffen hatten, den Kulten ihrer Zeit und dem Druck des offiziellen römischen Staatskultes. Da sich die Christen in Rom vor allem nicht den Anforderungen der Staatsreligion (Kaiserverehrung) beugen wollten, kam es zum Konflikt mit der Obrigkeit. Die ersten Christenverfolgungen betrafen zunächst nur wenige Menschen, da die Christen zahlenmäßig kaum ins Gewicht fielen. Mit der Zunahme an Gläubigen nahm aber auch das Bestreben des Staates zu, den christlichen Glauben zu unterdrücken, indem seine Anhänger benachteiligt, bestraft, gequält oder gar getötet wurden.

Erst im 3. Jahrhundert wurden Christen im Römischen Reich konsequent – also nicht nur auf Anklage – systematisch verfolgt. Die Treffen der Gläubigen waren geheim und fanden unter anderem in den Katakomben statt, den unterirdischen Begräbnisstätten vor der Stadt. Anfang des 4. Jahrhunderts – im Jahre 311 – lockerte Kaiser Valerian die Verfolgungspraxis. Zwei Jahre später sollte dann ein Ereignis von weitreichender Bedeutung den Stand der Christen nachhaltig verändern: die sogenannte Konstantinische Wende. Es heißt, Kaiser Konstantin hätte aufgrund einer Eingebung im Traum auf die Schilde seiner Soldaten Kreuze malen lassen. Tatsächlich errang er am 28. Oktober 312 bei der Schlacht auf der Milvischen Brücke in Rom einen wichtigen militärischen Sieg gegen seinen Kontrahenten Maxentius. Diesen Sieg führte er auf göttlichen Beistand im Zeichen des Kreuzes zurück. Daraufhin gestand er 313 mit dem »Mailänder Toleranzedikt« dem christlichen Glauben die gleichen Rechte zu wie den anderen Religionen im Reich. Zunächst unterdrückt, wurde das Christentum nun durch Konstantin gefördert und bevorzugt, später sogar zur einzig erlaubten Religion im Römischen Reich. Aus den Verfolgten wurden nach und nach selbst Verfolger – und die Nichtchristen hatten im römischen Reich fortan einen schweren Stand.

Im Jahr 321 führte Kaiser Konstantin den Sonntag als Wochenfeiertag ein; im Jahr 325 berief er ein Konzil – eine Versammlung aller Bischöfe – nach Nizäa ein. Dort und bei weiteren Konzilien wurden Grundfragen des Glaubens geklärt. In Mehrheitsbeschlüssen, manchmal nach leidenschaftlichen Debatten und auch durch manipulative Versammlungsleitung herbeigeführt, war man geneigt, Gottes Ratschluss zu erkennen: Was das Konzil bestimmte, galt daher als geoffenbarte Wahrheit des Glaubens.

In den ersten Jahrhunderten entwickelte sich unter Kämpfen, Intrigen und unzähligen Spaltungen ein theologisches Lehrgebäude für das Christentum. Zu klären war dabei vor allem die Stellung Jesu und sein Verhältnis zu Gott: Ist Jesus überhaupt göttlicher Natur – oder eben doch nur ein (wenn auch außergewöhnlicher) Mensch? Oder ist Jesus der Sohn Gottes? Steht der Sohn unter dem Vater? Ist Jesus von Gott adoptiert worden oder von ihm gezeugt? Die sogenannte hypostatische Union, das heißt, dass Jesus zugleich wahrer Gott und wahrer Mensch und nicht nur »wesensähnlich«, son-

dern »wesensgleich« mit dem Vater ist, sowie die Trinität –
Gott ist dreifaltig einer in Vater, Sohn und Heiligem Geist –
waren Antwortversuche, die dem Glauben an den einen Gott
treu bleiben und sich gleichzeitig der hellenistischen Philosophie öffnen wollten. Diese Dogmen sind bis heute grundlegend für die Selbstdefinition der Christen, zumindest in
den Augen der Theologen – die Gläubigen glauben, was sie
können. Oder was sie wollen.

Eine Religion im Wandel

Zu allen Zeiten haben die Christen darüber diskutiert, wer
dazugehört und wer nicht, wer sich also »Christ« nennen
darf. Formell ist die Taufe das entscheidende Kriterium. In
alter Zeit definierte man den rechten Christen über den rechten Glauben. Oft beschieden die kirchlichen Verlautbarungen,
wer dies oder jenes nicht glaube, der sei ausgeschlossen. In
Jahrhunderten, in denen die kirchliche Ächtung mit der welt-
lichen einherging, war das ein gefährliches Unterfangen.
Heute, da die Kirche praktisch kein Druck- oder Zuchtmittel
mehr hat, den »wahren« Glauben durchzusetzen, hat sich
ein religiöser Pluralismus innerhalb des Christentums ausgebreitet, der faktisch jede mögliche Vorstellung unter dem
christlichen Namen vereinigt. Der Individualismus ist auch
im religiösen Denken, Empfinden und Erleben weit fort-
geschritten, sodass nicht mehr von nur einem Christentum,
sondern von so vielen Christentümern ausgegangen werden
muss, wie es Gläubige gibt. Der Begriff »christlich« ist nicht
rechtlich geschützt.

Das Christentum ist großen Veränderungen unterworfen.
Die Fähigkeit zu Veränderung und Anpassung gehört aber zu

den typisch menschlichen (und dadurch auch christlichen) Eigenschaften: Auf der Grundlage des jüdischen Glaubens entstanden (Monotheismus), durch griechische Philosophie theologisiert (Gotteslehre), nach römischem Vorbild organisiert (Hierarchie), durch Anleihen aus Ägypten (Muttergotteskult), Persien (Dualismus von Gut und Böse) und verschiedenen Polytheismen (Heiligenverehrung) beeinflusst – gerade die Flexibilität des Christentums, fremdes Gedanken- und Glaubensgut ins eigene System zu integrieren, machte diese Religion so »erfolgreich«.

Das Christentum ist auch heute ein sich stets wandelndes Gebilde. Jesus sprach und lebte seine Botschaft in eine – wie wir heute sagen würden, ohne werten zu wollen – vormoderne Gesellschaft am damaligen Rand der Welt. Um sie für die Menschen in der computergesteuerten, aufgeklärten und entzauberten Plastikwelt von heute hörbar zu machen, muss sie im Prozess der Veränderung bleiben. Die Bilder von Gott haben sich so sehr verändert wie kaum eine andere menschliche Idee. Aber die Sehnsucht nach ihm, nach Religion, nach dem Transzendenten ist ungebrochen. Das Christentum steht vor der Aufgabe, die Balance zu halten zwischen der Macht der Überlieferung und dem Sog der fortschrittlichen Welt. Vom »Markt der religiösen Anbieter« zu verschwinden braucht das Christentum nicht zu befürchten. Doch die zunehmende Aufsplitterung der Kirchen und ihrer Theologien macht es schwieriger, im »Konzert« der Angebote wahrgenommen zu werden. Bei allen von außen bewirkten oder selbst veranlassten notwendigen Wandlungen in der Rede von Gott, in der Theologie, der Liturgie, dem Aufbau der Kirche, sind Christen aber letztlich nicht weiter als schon der Kirchenschriftsteller Tertullian (gestorben um 220), der bekannte: »Ich glaube, weil es absurd ist.«

Es spricht für die Vitalität des christlichen Glaubens, Fremdes aufzunehmen und einzufügen, ob es sich nun um theologische Spekulationen, Rituale oder Kultplätze handelt. Für ein solches Denken und Handeln gibt es viele Beispiele aus der Geschichte des Christentums. Man muss nur an die Umdeutung heiliger Berge, Quellen oder Versammlungsstätten der Kelten denken: Statt sie zu zerstören oder als falschen Glauben abzutun, errichtete man Kapellen oder setzte Menhiren ein Kreuz auf. Oder an Bonifatius, der aus dem Holz des heiligen Baumes, den er fällte, eine Kapelle zimmerte. Oder an die vielen Tempel, die stehen blieben, weil man sie – wie das Pantheon – zu Kirchen umwidmete.

Ein anderes kleines Beispiel: Katholische Missionare begegneten in Afrika dem Brauch, Kühe mit besonderem Wasser einzureiben, um ihre Fruchtbarkeit zu stärken. Man hätte versuchen können, dieses Tun als magischen Zauber abzutun und zu verbieten, doch die Glaubensboten gingen klüger vor und deuteten den Ritus einfach um: Man segnete das Wasser, und mit offiziellem Weihwasser konnte das Einreiben weiterhin praktiziert werden, was der Akzeptanz des Christentums unter den Einwohnern sehr wohl bekam.

Das Christentum war also in seiner Geschichte anpassungsfähig und hat oft genug nur überlebt, weil es den Synkretismus praktizierte. Dieser Prozess ist aber nicht irgendwann zu einem Ende gekommen, er dauert fort bis auf den heutigen Tag. Synkretismus mag ein Fachwort der Geisteswissenschaftler sein, aber es bestimmt die Realität der Glaubenden. Der Religionswissenschaftler Michael Schmiedel hat über »Persönliche religiöse Konstruktionssysteme und religiöse Lehren« geforscht und dabei herausgefunden: »Wenn ein Mensch mit einer religiösen Vorstellung konfrontiert wird und diese zu ihm weniger wichtigen Vorstellungen passt, aber zu ihm wichtigen in einem Widerspruch steht, wird er versuchen, die Konfrontation mit dieser Vorstellung zu vermeiden oder aber sie zu eliminieren und zu negieren, also sie zu bekämpfen. Wenn die neue Vorstellung aber zu ihm wichtigen passt und zu ihm weniger wichtigen nicht, wird er sie in sein Vorstellungssystem einbauen und die dazu nicht passenden weniger wichtigen Vorstellungen ändern oder negieren.«

Die »Rechtgläubigen« finden Synkretismus verwerflich, doch er ist der Normalfall jeder Religion. Man kann ihn nicht verbieten bzw. es wird ein nutzloses Unterfangen sein. Und auch ein unnötiges. Der muslimische Ethnologe und Schriftsteller Amadou Hampâté Bâ aus Mali verglich einmal die Fähigkeit des Islams, sich in die jeweilige Kultur eines Landes zu intergrieren, mit Wasser, das über die Erde fließt und dabei die Farbe der Erde annimmt. Eine solche Weite brauchen wir auch für das Christentum, das als Wasser durch unsere bunte Zeit fließt und dabei ihre Farben annimmt.

Die Angst vor der Beliebigkeit

Ein Gespenst geht um in den Kirchen – das des Synkretismus! Freilich benennt man die Bedrohung nicht mit dem garstigen Fachausdruck, sondern spricht von »Beliebigkeit«. Belieben – eigentlich doch ein zartes Wort, in dem lieben, annehmen und vorziehen steckt, gutheißen und bewilligen, wählen, gefallen, behagen. Doch so viel Subjektivität sei der Religion schädlich, meinen immer noch die Bedenkenträger: Wo kämen wir denn da hin, wenn die Leute selbst entscheiden würden, was sie glauben?

Die Ängstlichen, die Hardliner, die Fundamentalisten trauen dem Einzelnen nichts zu. Ihre Furcht vor der Freiheit wurzelt in einer Angst vor Unsicherheit, in der unbändigen Sehnsucht nach Halt, Klarheit, Eindeutigkeit, nach einer übernatürlichen Ordnung im Chaos dieser Welt. Als schlagkräftigstes Argument bringen sie vor, es gebe nur *eine* Wahrheit. Als Garant dieser Wahrheit fungiert bei Betonprotestanten dann die Bibel, die wie ein Orakelbuch befragt wird und auf jede Frage eine passende Antwort parat hat. Die Granitkatholiken gehen noch einen Schritt weiter und sehen in der Kirche das Monopol der Wahrheit, genauer gesagt im kirchlichen Lehramt.

Einst verlautbarte Erzbischof Marcel Lefebvre, Gründer der Pius-Brüder, dazu: »Das Dogma hingegen ist die ganz genau festgelegte Wahrheit, die Wahrheit für alle Zeiten; es ist beendet; das Credo ist fertig und vollendet, und zwar mit den Worten und Begriffen, die es ausmachen. Man kann die Begriffe nicht ändern, das steht so fest, es ist beendet. Und alle Dogmen, die mit dem Siegel der Unfehlbarkeit der Päpste und der Konzilien versehen sind, sind in diesem Sinne entstanden. Das gilt definitiv, daran kann man nicht mehr rühren.« Fast schon beneidenswert, ein solcher Wahrheitsbegriff, den man wie einen Fetisch aufstellen kann. Moderater, aber in der Sache ähnlich drücken sich einige andere Bischöfe aus, ganz auf der Linie des katholischen Anspruchs, die »wahre« Kirche zu sein. Exemplarisch sei hier der Salzburger Erzbischof Franz Lackner genannt. Während ich im September 2014 am Manuskript für dieses Buch sitze, lese ich, er plädiere für »eine Glaubenshaltung, die sich an der ganzen Wahrheit orientiert«. Laut einer Mitteilung der Katholischen Presseagentur Wien sagte er: »Vielen sei heute das Streben nach der ganzen Wahrheit zu anstrengend, es werde als ausreichend empfunden, einen ›Zipfel der Wahrheit‹ zu erwischen.« Nun habe ich die Ansprache des Erzbischofs nicht gelesen, darf aber wohl davon ausgehen, dass er sich und seine Kirche im Besitz der »ganzen« Wahrheit wähnt.

Ach, wie ungleich weiter war da vor fünfhundert Jahren schon der heilige Thomas Morus! In seiner Zukunftsvision »Utopia« heißt es über den Herrscher Utopus: »Er hatte nicht die Vermessenheit, über die Religion irgendetwas Endgültiges zu bestimmen, da es ihm nicht sicher war, ob Gott nicht selbst eine mannigfache und vielfältige Art der Verehrung wünsche und daher dem einen diese, dem anderen jene Eingebung schenke. Jedenfalls hielt er es für anmaßend und unsinnig, wenn einer mit Gewalt und Drohungen verlangte, dass seine Ansicht über die Wahrheit auch allen anderen einleuchten müsse. Wenn aber wirklich ein Glaube die meiste Wahrheit besitzt und alle anderen nichtig sind, so meinte doch Utopus, es sei leicht vorauszusehen, dass die Macht der Wahrheit sich von selbst dereinst einmal durchsetzen und offenbar werden müsste, wenn ihre Sache nur mit Vernunft und Mäßigung betrieben würde.«

So spricht ein Humanist! Doch zu allen Zeiten und in allen Religionen gab und gibt es bis auf den heutigen Tag die Gotteskrieger, geleitet von der festen Überzeugung, sie dienten der Wahrheit Gottes, wenn sie jene benachteiligen, schikanieren oder sogar töten, die ihrem eigenen Credo und Wertekanon nicht entsprechen. Orthodoxe Juden können brutal werden, wenn sie meinen, sie müssten die Tora verteidigen. Muslimische Fanatiker können die Menschenrechte verletzten oder gar zu Terroristen werden. Hinduextremisten haben in Indien Moscheen zerstört. Und selbst die als so sanftmütig eingestuften Buddhisten können auch anders, etwa in Sri Lanka. Hier spielte im Bürgerkrieg des Landes die religiöse Prägung des Nationalismus eine große Rolle spielte.

Von schrecklicher Brutalität um einer vermeintlichen Wahrheit willen berichten dunkle Kapitel der Kirchengeschichte, so etwa das über die Kreuzzüge, bei denen Expansionsbestrebungen europäischer Mächte als missionarisches Vorhaben getarnt wurde. Vor allem jene, die vermeintlich den falschen Begriff von Wahrheit hatten, erlitten Verfolgung. Um ein besonders dramatisches Beispiel in Erinnerung zu rufen: Am 22. Juli 1209 ging während des Albigenserkreuzzuges die Stadt Béziers in Südfrankreich, in der Katholiken, Katharer und Juden friedlich zusammengelebt hatten, in einem Meer von Blut und Flammen unter. Tausende von Menschen waren in die Kirche Sainte-Madeleine geflüchtet und verbrannten darin bei lebendigem Leib. Durch die Gassen tobten mordende Kreuzfahrer und ein plündernder Mob. Dieses beispiellose Massaker bildete den Auftakt zu dem zwanzig Jahre dauernden Vernichtungsfeldzug gegen die Katharer.

Die Ursprünge der Katharer gehen auf die Glaubensvorstellung zurück, dass der ganzen Welt ein dualistisches Prinzip von Gut und Böse zugrunde liege. Die ganze Schöpfung sei vom »bösen Gott des Alten Testaments«, dem Teufel, beherrscht. Er verbanne die reinen Seelen in die sündhafte Materie. Der »gute Gott des Neuen Testaments« habe einen seiner Engel, nämlich Jesus Christus, gesandt, der gezeigt habe, wie man sich befreien und zum wahren Ziel, dem Himmel, gelangen könne: Die »Reinen«, griechisch *katharoi*, sollten asketisch leben und sich der Sünde enthalten.

Da den Katharern die Materie als böse galt, erklärten sie, es sei nicht möglich, dass Christus Menschengestalt angenommen habe, am Kreuz gestorben und dennoch Gott und

Gottes Sohn gewesen sei. Eine Minderheit betrachtete ihn als völlig körperlos. Die Mehrheit der Katharer sah in ihm einen Sterblichen, einen Propheten wie andere auch, der um der Liebe willen am Kreuz gestorben war. »Gott ist reiner Geist und Liebe«, so pflegten die Katharer zu lehren, »diese Erde ist die Hölle.«

Die konsequente Lehre der Katharer zog im 12. Jahrhundert viele Menschen an, die an der Kirche Machtgier, Habsucht und sittlichen Verfall missbilligten. Besonders erfolgreich war sie in Italien und Südfrankreich, wo die Katharer nach der Stadt Albi, die eines ihrer Zentren war, auch »Albigenser« genannt wurden. Die Katharer wurden bald zur größten Sekte des Mittelalters. Auf die Bezeichnung »Katharer« soll das deutsche Wort »Ketzer« zurückgehen. In Deutschland waren schon 1143 die ersten bekennenden Katharer in Köln auf dem Scheiterhaufen hingerichtet worden.

Zu Beginn des 13. Jahrhunderts ließ Abt Arnaud-Amaury von Cîteaux im Auftrag des Papstes seine Zisterzienser einen »Heiligen Krieg« gegen die Ketzer predigen und organisierte ein Kreuzzugsheer. Dieser Kreuzzug mitten in Europa fand im Juni 1209 einen ersten Höhepunkt im Massaker von Béziers. Der Zisterziensermönch Cäsarius von Heisterbach berichtet, auf die Frage der Kreuzfahrer, wie sie denn die Katharer von den Rechtgläubigen unterscheiden sollten, habe Abt Arnaud-Amaury geantwortet: »Erschlagt sie alle, denn der Herr wird die Seinen schon erkennen!« (Die Geschichte wird auch von der Eroberung Jerusalems in den Kreuzzügen erzählt.)

Hätte man damals Toleranz geübt und die Katharer gewähren lassen, welchen Einfluss hätten sie auf das Christentum ausgeübt? Ich weiß, zu viel Konjunktiv, das wäre unhistorische Spekulation. Aber immer wenn es heißt, das Handeln sei alternativlos, um etwas Größeres zu schützen, dann handelt es sich eben auch um eine Hypothese, weil man den anderen Weg ja nicht gegangen ist.

Gottlob (!) sind die ganz finsteren Zeiten vorbei. Heute entzieht man einem Professor die Lehrerlaubnis oder einem Priester das Amt, wenn er »aus der Wahrheit fällt«, sprich: sich des Ungehorsams schuldig macht, die kirchliche Autorität zu missachten. Und es gibt auch einen protestantischen Missbrauch der Wahrheitsidee: Vor einigen Jahren las man von »bibeltreuen« Christen, die in den USA Gynäkologen erschossen, weil diese Abtreibungen vorgenommen hatten.

Zweifeln heißt nicht nicht glauben – oder:
Warum Fragen erlaubt sein muss

Für manche Menschen, die alles ablehnen, was mit Synkretismus zu tun hat, geht es vor allen Dingen um die Beantwortung der Frage: Was ist »richtig« und was ist »falsch«, was zählt zur »wahren« Religion und was nicht? Dahinter steht wiederum die uralte Frage: Was ist Wahrheit? Sie ist selbstverständlich nicht letztgültig zu beantworten. Doch wenn man sich auf die Suche nach einer Antwort macht, muss dabei eine Rolle spielen, was ebenso viele Kritiker des Synkretismus und Bewahrer der »wahren« Lehre fürchten: der Zweifel.

Man kann so vieles glauben – aber man kann auch nicht glauben. Und man kann am vorgegebenen Glauben zweifeln. Glaube und Zweifel sind Geschwister.

Was ist Wahrheit?

Als Zwanzigjähriger studierte ich Gemeindepastoral in einem katholischen Seminar in Bayern. Damals, im Mai 1985, besuchte Papst Johannes Paul II. die Niederlande. In einem Zeitungsartikel war zu lesen, das Besuchsprogramm des Heiligen Vaters sehe nur Begegnungen mit loyalen Katholiken vor, jedoch keinen Termin mit seinen Kritikern innerhalb der Kirche. Dem Papst solle das Bild einer intakten holländischen Kirche präsentiert werden. Ich schnitt diesen Zeitungsartikel aus, klebte ihn auf ein Blatt und schrieb daneben den Bibelvers: »Was ist Wahrheit?« (Johannes 18,38). Der Direktor des Seminars bekam einen Tobsuchtsanfall ...

Diese hochphilosophische Frage nach der Wahrheit stammt aus dem Bibelbericht über die dramatische Begegnung zwischen Jesus und Pilatus. Der römische Statthalter will von dem bereits festgenommenen Jesus wissen, ob er der König der Juden sei. »Jesus antwortete: Mein Königtum ist nicht von dieser Welt. Wenn mein Königtum von dieser Welt wäre, würden meine Diener kämpfen, dass ich den Juden nicht ausgeliefert würde. Nun aber ist mein Königtum nicht von hier. Da sagte Pilatus zu ihm: Also bist du doch ein König? Jesus antwortete: Du sagst es: Ich bin ein König. Ich bin dazu geboren und dazu in die Welt gekommen, um für die Wahrheit Zeugnis abzulegen. Jeder, der aus der Wahrheit ist, hört auf meine Stimme. Pilatus sagte zu ihm: Was ist Wahrheit?« (Joh 18,36–38a).

Was ist Wahrheit? Eine neue Partei warb in letzter Zeit mit dem Slogan »Mut zur Wahrheit« und suchte damit doch nur ihren eigenen politischen Ansichten eine höhere Weihe zu verleihen. Was ist Wahrheit? Auf jeden Fall eine philosophische Frage, aber eben auch ein Thema der Religion. In der Bibel kommt das Wort rund 140 Mal vor, davon allein 20 Mal im Johannesevangelium. Bekannt ist vor allem die Selbstaussage Jesu: »Ich bin der Weg und die Wahrheit und das Leben. Niemand kommt zum Vater außer durch mich« (Johannes 14,6). Von einer besonderen Reaktion auf diesen starken Satz erzählt der evangelische Pfarrer Max Koranyi: »Ich hatte einen Bekannten, der gewohnt war, alles zu hinterfragen. Behauptungen von Politikern. Werbung sowieso. Lebensgeschichten von Zeitgenossen. Und die Dogmen der Kirche erst recht. Christlicher Glaube war ihm vor allem suspekt. Scheinbar erfundenen ›himmlischen‹ Behauptungen konnte er gar nichts abgewinnen. Kein Wunder also, dass er sich letzten Endes entschied, Philosophie zu studieren. Die Liebe zur Weisheit, zur Wahrheit. Er war damals besonders von der sogenannten Frankfurter Schule Horkheimers und Adornos angetan. Alle vorgegebenen Meinungen unter die Lupe zu nehmen, gerade auch im politischen Kontext, das vor allem gefiel ihm an diesen Philosophen.

Eines Tages kam er an einem Missionsplakat vorbei. Auf dem stand: ›Christus spricht: ICH bin der Weg, die Wahrheit und das Leben.‹ Er blieb stehen. Er ärgerte sich zunächst maßlos über diese radikale, alles andere ausschließende Behauptung. ›Da wollen wir doch mal sehen, was dahinter steckt‹, entschied er sich dann, ›ich studiere noch Theologie.‹ Im Laufe der nächsten Jahre lernte er kennen, was sich hinter dieser scheinbaren Selbstanmaßung verbarg. Nein, nicht was. Wer. Es war ein ER. Es war Jesus, der Christus, mit seiner einmaligen Weg- und Wahrheitsgeschichte, die der Welt das eigentliche, wahre Leben aufzeigte. Und dann wurde er Pfarrer. Und Theologieprofessor. – So kann's kommen, wenn man sich auf die Selbstbeschreibung Jesu einlässt!«

Bei aller Bewunderung ist dennoch Vorsicht geboten, denn »Wahrheit« kann man schnell instrumentalisieren: Das Wahre ist das Richtige, das Gute, das Eigene, demnach ist das Fremde falsch und schlecht. Michael Schmiedel betrachtet die Ablehnung von Fremdem sozusagen als anthropologische Konstante. Das bedeutet aber nicht, dass sie bei jedem Menschen, wohl aber in der Menschheitsgeschichte immer wieder auftritt. Diese Ablehnung, so der Religionswissenschaftler, habe »eine Ursache im Konservatismus kognitiver Systeme ... und dieser wiederum im Bedürfnis nach Sicherheit, die uns Menschen aufgrund geringer Steuerung durch angeborene Instinkte abhandengekommen ist.«

Nach Schmiedel kann dieser Konservatismus dazu führen, »dass Menschen sich gesellschaftlichen Veränderungen durch Betonung einer zu bewahrenden religiösen Wahrheit verschließen«. Auf der anderen Seite stehen diejenigen, die im Strom gesellschaftlicher Veränderungen mitschwimmen und sich in ihrer Lebensweise von Menschen bedroht fühlen, die sich in konservativen Religionsgemeinschaften organisieren. Da geht es um ganz praktische Debatten: Welche Formen der Sexualität oder Lebensführung wir gutheißen oder verdammen, wie wir mit Krankheit, Leiden und Tod umgehen, unter welchen Umständen beispielsweise aktive Sterbehilfe erlaubt sein kann. Auseinandersetzungen auf allen Ebenen der Gesellschaft sind notwendig, bis es zur Gesetzgebung durch das Parlament kommt, und dann kann man sich immer noch differenziert zum geltenden Recht verhalten. In diesem geschichtlichen Prozess unserer Kultur ist es den Christen nicht nur erlaubt, sondern sogar geboten, Zeugnis von dem abzulegen, was sie als »wahr« erkannt haben. Doch sie werden auch feststellen, dass das Prädikat »wahr« allein in dieser pluralistischen Gesellschaft keine Überzeugungskraft mehr besitzt.

Was ist Wahrheit? Vier Jahre lang wirkte ich als Schöffe, also als ehrenamtlicher Richter, bei Strafprozessen des Jugendgerichts Siegburg mit. Bei den Verhandlungen kam es immer wieder zu typischen Komplikationen, wenn etwa drei Zeugen einen Tathergang beschreiben sollten und dann drei völlig voneinander abweichende Versionen lieferten. Wer hat Recht? Wie kann man die Wahrheit ermitteln? Wohl kaum durch dieses Verfahren, denn die Zeugen berichteten glaubhaft, was sie gesehen, gehört, registriert hatten. Nur unterschied sich das eben von dem, was die anderen »wahr«-genommen hatten.

Der amerikanische Philosoph Richard Rorty scheint uns noch mehr zu verwirren, wenn er behauptet: »Wahrheit kann nicht dort draußen sein – kann nicht unabhängig vom menschlichen Geist existieren –, weil Sätze so nicht existieren oder dort draußen sein können. Die Welt ist dort draußen, nicht aber Beschreibungen der Welt. Nur Beschreibungen der Welt können wahr oder falsch sein ... Die Welt spricht überhaupt nicht. Nur wir sprechen.« Wir dürfen von Wahrheit sprechen. Nur dürfen wir nicht annehmen, dass es eine einzige Wahrheit gibt. Von diesem Wahrheitsbegriff müssen wir uns (außer in der Mathematik) verabschieden.

> Das Wort Apfel enthält keine Wahrheit
> über den Apfel, ebenso wenig wie seine Gestalt, seine
>   Farbe, sein Duft
> und sein Geschmack. Wahrheit ist nichts zum Anschauen,
>   Riechen
> und Schmecken. Apfel sagend, tust du kaum mehr als
>   ihn zu essen.
> Im Raum zwischen dem Wort Apfel und der Wahrheit des
>   Apfels
> geschieht der Apfel (...)

So sinniert der polnische Lyriker Tadeusz Dąbrowski, auch wenn sein Gedicht sich eigentlich mit dem Tod beschäftigt, der durch das Wort »Tod« nicht erfasst werden kann. Ich finde aber, das gilt ebenso für das Wort Gott. Wir sprechen es aus und verbinden damit sofort bestimmte Vorstellungen, sogar Empfindungen, Gerüche, Bilder. Aber Gott ist anders. Gott ist mehr!

Wenn ich anrege, den überkommenen Wahrheitsbegriff fahrenzulassen, so nicht, weil es für mich keine Wahrheit mehr gibt. Ganz im Gegenteil. Ich dürste nach ihr! Aber ich bin überzeugt, sie unterscheidet sich unfassbar grandios von den so elend mickrigen Wahrheitsfantasien, die letztlich nur Ausdruck unserer Hilflosigkeit und Furcht sind.

Rumi, der islamische Gottsucher, erzählt folgende Geschichte: »Ein Mann, verwundert über das Gerücht von einem sagenhaften Löwen, hatte sich von weither aufgemacht, um ihn zu sehen. Ein Jahr lang hatte er die Beschwernisse und Mühen der Reise auf sich genommen. Als er zu dem Wald kam, in dem sich der Löwe aufhielt, und ihn aus der Ferne wahrnahm, vermochte er keinen Schritt weiter zu setzen. Man sagte ihm: ›Du bist so weit gereist, um dem Löwen zu begegnen, der dem Unerschrockenen, der ihn mit Zärtlichkeit streichelt, kein Haar krümmt, aber den der Verzagte und Ängstliche ergrimmt, weil ihm Argwohn unwürdig erscheint. Sei beherzt und gehe zu ihm.‹ Aber der Mann hatte nicht den Mut, einen Schritt weiter zu setzen. Zwar hatte er viele Schritte getan, die leicht gewesen waren, doch vor dem wichtigsten Schritt hatte er versagt: dem gegenüber der Wahrheit.« Die Wahrheit kann Angst machen. Aber es gilt auch: »... die Wahrheit wird euch frei machen« (Johannes 8, 32).

Der Zweifel – ein schweres Erbe

An dem, was wir gemeinhin für wahr halten, darf man zweifeln, muss man zweifeln. Nicht nur in der Religion ist der Zweifel existenzieller Bestandteil unseres Lebens. *In dubio pro reo*, im Zweifel für den Angeklagten – wer kennt ihn nicht, diesen heiligen Grundsatz aus der Rechtsprechung? Wenn Unklarheiten, Widersprüche und offene Fragen es nicht zulassen, dass eine Schuld eindeutig bewiesen werden kann, dann darf ein Angeklagter nicht verurteilt werden – selbst wenn auch an seiner Unschuld Zweifel bleiben sollten.

Doch nicht nur vor Gericht, überall herrscht der Zweifel. Die Bank bezweifelt die Kreditwürdigkeit eines Kunden, der Zeitungskommentar den Wahrheitsgehalt einer politischen Absichtserklärung. Der eine zweifelt an der Treue seines Ehepartners, der andere bezweifelt, dass Deutschland noch einmal Fußballweltmeister werden kann. Man kann am Sinn des Dosenpfandes zweifeln wie am Sinn des Lebens. Der Zweifel richtet sich gegen die Segnungen der modernen Technik ebenso wie gegen die Existenz Gottes.

Wer zweifelt, der hält für möglich, dass gar nicht stimmt, was behauptet wird. Er ist sich seiner Sache jedoch nicht sicher. Wer sicher ist, der weiß etwas, der glaubt, der vertraut. Der Zweifler möchte vielleicht gern wissen, glauben und vertrauen, kann es aber nicht. Möglicherweise kann man den Zweifel überwinden, ihn beiseite schieben oder im Kampf besiegen, indem die Wahrheit als Tatsache triumphiert. Sollte das aber nicht geschehen, ist der Zweifler verdammt, im Zustand der Unentschiedenheit zu verharren – mal für einen Augenblick, mal ein Leben lang, denn der Zweifel kann auch zur Methode werden.

Urteile, Lehren, Überzeugungen sind immer wieder angezweifelt worden. Der Zweifel gilt sogar als Triebfeder der Philosophie, er ist der Motor der Wissenschaft. Ohne Zweifel würde die Menschheit untätig verharren, es gäbe keine Entwicklung, kein Vorwärtskommen. Der Preis des Zweifels liegt jedoch auf der Hand: einmal angestoßen, ist er unaufhaltsam wie eine Kettenreaktion, kann man nicht mehr dahinter zurück, Fragen zu stellen und zu einer – vielleicht auch sehr unangenehmen – Erkenntnis zu kommen.

Unser Wort »Zweifel« leitet sich aus alt- und mittelhochdeutschen Begriffen ab, die mit der Nennung der Zahl schon ausdrücken, worum es geht: Zwei sind da, nicht einer. Fehlende Ein-deutigkeit führt zum Zwei-fel. Der Zweifler ist gespalten, er hält eben dies für unwahrscheinlich, ohne jenes klar abzulehnen. Er ist zwei-fältig, das lässt ihm nicht die schöne Ruhe, die ein Ein-fältiger genießen kann. Der Zweifel an sich ist jedoch weder gut noch schlecht; er hat das Potenzial, in alle Richtungen zu wirken.

Schaut man in das »Kleine theologische Lexikon«, stellt man fest, dass hier der Zweifel gar nicht erwähnt wird. Der verstaubte Katechismus im Wohnzimmerregal widmet ihm sechs Zeilen. Ein anderes frommes Buch verweist im Inhaltsverzeichnis: »Zweifel, siehe Glaube«. O heilige Einfalt!

Es gibt einen Zweifel, der schädlich wirkt, zum Beispiel übertriebenes Misstrauen im persönlichen Bereich; eine Menschenfeindlichkeit, die aus schlechten Erfahrungen herrührt, jedoch ungerechtfertigt von einem auf alle schließt – all das macht krank.

Die Autoren der Bibel führten den mitunter schlimmen Zustand unserer Welt auf ein gefährliches Zweifeln ganz am Anfang zurück. Der Schöpfungsmythos von Eva und Adam im

Garten Eden erzählt: Eigentlich war alles zufriedenstellend, die Bedürfnisse gedeckt, satt waren sie und es war warm, sie hatten ein sicheres Dasein. All das wurde jedoch zerstört vom Zweifel am Sinn des Verbots, vom Baum der Erkenntnis zu naschen. Das Paradies war dahin! Diesen Drang zum Zweifeln haben wir geerbt und tragen ihn in uns bis auf den heutigen Tag. Am grausamsten wirkt dieses Virus, wenn es uns selbst befällt, wenn ein Mensch an sich selbst zweifelt, seinem Können, seinem Wert, dem Gefühl, willkommen auf der Erde zu sein. Dann kann der Zweifel in Verzweiflung ausarten wie ein Geschwür in Krebs.

Der italienische Dichter Dante lobte einst auch den Zweifel: Er habe sein Gutes, »nicht weniger als Wissen«. Diese positive Einschätzung rührt wohl daher, dass alles Wissen als vorläufig betrachtet werden muss. So wie es heute ist, muss es morgen nicht bleiben, weil es ja auch heute anders ist als es gestern war.

Der Zweifler scheut die Antwort, weil er sie nicht sicher weiß und er jede Antwort für unehrlich hält. Aber er liebt die Frage. Zu viele Antworten engen ein. Lasst uns also das Fragen kultivieren! Wer fragt, wer zweifelt, der kann anerkennen, dass er in einer vorläufigen Welt lebt. Vielleicht darf man den berühmten Satz des Philosophen Ludwig Wittgenstein etwas ummünzen. Er sagte einst: »Worüber man nicht sprechen kann, darüber muss man schweigen.« Für unser Thema könnte das Motto lauten: »Woran man nicht glauben kann, daran muss man zweifeln.«

Nur an Wenigem besteht kein Zweifel: Das Finanzamt wird unerbittlich Steuern eintreiben und am Ende seiner Tage wird jeder einmal sterben. Bis dahin aber bleiben die Fragen des Zweifels. Denn ohne Antworten zu leben, das ist schon nicht leicht. Doch ohne Fragen zu stellen, wäre das Leben unmöglich.

»Wieso, weshalb, warum –
wer nicht fragt, bleibt dumm«

Fragen zu stellen, das lieben die Philosophinnen und Philosophen. »Liebe zur Weisheit« – so können wir den griechischen Begriff »Philosophie« übersetzen. Sie geht davon aus, dass sich die menschliche Vernunft nach Wahrheit sehnt, nach »letzten Gründen«, nach unumstößlichen Sicherheiten. Getrieben wird dieser Wunsch von den Bedingungen unserer Existenz: Der Mensch ist endlich in seinem Denken, in seinem Können, in seinen Erdentagen.

Das Ziel der Philosophie ist die Erkenntnis. Ihre Methode ist, Fragen zu stellen – infrage zu stellen.

Michel de Montaigne, ein französischer Philosoph aus dem 16. Jahrhundert, schrieb einmal: »Wenn jedes Philosophieren vom Zweifel ausgeht, wie man behauptet, so muss erst recht das, was ich tue, vom Zweifel ausgehen, nämlich einfältiges Zeug zusammenfantasieren; denn die Lernenden müssen fragen und diskutieren, und der Leiter muss die Entscheidung treffen.« Das klingt ein wenig kokett, denn Montaigne war schon zu Lebzeiten ein angesehener Philosoph und ist es bis heute geblieben; seine berühmten »Essais« kann man noch nach mehr als 400 Jahren mit Gewinn lesen, sie sind aktuell geblieben. Warum auch nicht: Unser Alltag mag ständigem Wandel unterworfen sein, doch der Mensch an sich ändert sich nicht in so kurzer Zeit.

Montaigne gehörte zur Gruppe der Skeptiker. Der Duden übersetzte Skeptizismus einst mit »Zweifelssucht«. Warum dieser negative Beigeschmack? Skeptiker haben eine Unmenge von Fragen, aber immerhin eine Gewissheit: dass nämlich der Mensch aufgrund seiner beschränkten Gaben gar nicht in der Lage ist, letztgültige Aussagen über Sinn, Moral oder Religion zu machen. Deswegen bezweifelt er grundsätzlich alle Meinungen, Überzeugungen und Übereinkünfte.

Auf die Spitze getrieben haben das jene Philosophen der Antike, die sogar ihr eigenes Vorhandensein bezweifelten. Vielleicht sei alles nur Frucht einer bunten Fantasie? Einen mächtigen Widersacher fanden solche Ideen in Aurelius Augustinus. 354 in Nordafrika geboren, wandelte er sich vom Skeptiker zum Glaubenden. Er wurde Christ, später Bischof, und gilt als einer der größten Theologen der Kirchengeschichte. Diejenigen, die an sich selbst zweifeln, schlägt er mit den eigenen Waffen. Er schreibt:»Wer könnte jedoch daran zweifeln, dass er lebt, sich erinnert, einsieht, will, denkt, weiß und urteilt? Auch wenn nämlich jemand zweifelt, lebt er, ... wenn er zweifelt, urteilt er, dass er seine Zustimmung nicht leichtfertig geben sollte. Woran immer sonst jemand zweifeln mag, an all diesem darf er nicht zweifeln. Denn wenn all dies nicht wäre, könnte er überhaupt an nichts zweifeln.«

An Augustinus knüpfte über tausend Jahre später René Descartes an. Er findet es durchaus schlüssig, der Zweifler könne annehmen, dass kein Gott sei, kein Himmel, kein Körper. Auch dass wir weder Hände noch Füße noch überhaupt einen Körper hätten, sei denkbar, aber – und hier kommt er zu seiner bekannten Schlussfolgerung:»Es lässt sich nicht annehmen, dass wir, die wir all das denken, nichts sind. Denn es widerspricht sich, dass ein denkendes Wesen im Augenblick, wo es denkt, nicht existieren solle. Demnach ist diese Erkenntnis ›cogito ergo sum‹, ›ich denke, also bin ich‹, von allen die erste und sicherste ...«

So weit, so gut. Aber diese wertvolle Erkenntnis dürfte in erster Linie einem akademischen Publikum heilig sein. Der Durchschnittsmensch mag sich eher einem Mann verbunden fühlen, den wir Kohelet nennen. Er lebte vor 2.300 Jahren in Israel. Sein schmales Buch voll tiefgründiger Gedanken wurde zu einer Art Weltbestseller, weil es Teil der Bibel geworden ist und als »Prediger Salomons« Verbreitung fand. Kohelet soll ein König in Jerusalem gewesen sein. Doch obwohl ihm alles zur Verfügung stand, was das Herz begehrt, fand er keinen Seelenfrieden. Man liest bei ihm: »Auch die Bemühung um Weisheit und Erkenntnis ist Jagd nach Wind. Wer viel weiß, hat viel Ärger. Je mehr Erfahrung desto mehr Enttäuschung.«

Zu diesen melancholischen Schlussfolgerungen ist jedoch niemand gezwungen. Den Zweifel der Philosophie kann man auch genießen. Das hat der italienische Autor Luciano de Crescenzo uns in aufmunternder Weise vorgemacht. In seinen philosophischen Betrachtungen unter dem Titel »Lob des Zweifels« hält er fest, die großen Fragen der Philosophie blieben sich immer gleich, »und sie umschwirren uns wie Nachtfalter, besonders abends nach einem guten Essen. Vergebliche Mühe, sie vertreiben zu wollen; sie entfernen sich bloß ein wenig und tauchen dann wieder auf, leiser, doch beharrlicher als zuvor«.

Crescenzo müsste sich bestens mit Montaigne verstanden haben. Der empfahl nämlich schon damals, das Unvermeidliche lasse sich am besten mit gelassener Heiterkeit ertragen. Das nennt man wohl zu Recht: »Liebe zur Weisheit.«

Wer bin ich?

Wer kennt dieses Gefühl nicht: Da blickt einen jemand an; man weiß nicht sofort, wer es ist, ahnt aber, dass man einander kennt. Die Lösung scheint dann banal: Das eigene Gesicht im Spiegel ist es, das so fremd wirkt. »Bin das ich?«, fragt man.

»Ich«, das sagt sich so leicht. »Ich bin« – und dann kommt ein Name. Aber was hat das alles mit mir zu tun? Wer versteckt sich hinter diesem »Ich«? Mit tausend Masken geht dieses Ich durch die Welt, spielt Theater, kennt ein Familien-Ich, ein Öffentlichkeits-Ich, ein Freundes-Ich. Überall ist »Ich« ein anderer. Aber deckt sich das Ich mit mir? Wie oft tun wir nur das, was die anderen von uns erwarten – obwohl wir es eigentlich gar nicht möchten? Wir lächeln, obwohl uns zum Heulen zumute ist. Wir schweigen, dabei wollen wir schreien.

Die Psychologie nennt den Prozess der Ichwerdung »Individuation«. Das ist ein notwendiger Weg, der unterschiedlich lange dauert. Manche schreiten schnell auf ihm voran, andere mühen sich ein Leben lang. Und wer könnte wirklich vor dem Zweifel an sich selbst gewappnet sein?

Der englische Essayist Logan Pearsall Smith schrieb einmal unter der Überschrift »Sonntägliche Nachfragen« folgende Zeilen:

»Na, ich muss schon sagen!«, rief die Vernunft, als wir uns wieder auf der Straße befanden.

»Und was passt dir diesmal wieder nicht?«, fragte ich mit einiger Beklommenheit.

»Warum legst du es immer wieder darauf an, ein anderer zu sein? Warum willst du nicht das sein, was du nun einmal bist?«

»Aber was bin ich denn wirklich? Kannst du mir das sagen?« ...

Als Smith diese kleine Szene schrieb, war er kein pickeliger Jugendlicher, sondern ein reifer Mann. Und dennoch zweifelte er an sich selbst; ja, gerade dieses Sich-selbst-in-Zweifel-Ziehen zeugt von seiner Reife.

Wenn wir an unserer eigenen Kraft, unserem Können, unserer Ausdauer, Intelligenz, Geduld oder Attraktivität zweifeln, dann kann das zunächst einmal zeigen, dass wir bereit sind, uns nicht als Mittelpunkt der Welt zu begreifen. Nimmt dieser Selbstzweifel allerdings überhand, bewirkt er das Gegenteil: eine egozentrische Perspektive.

Doch man kann auch an der Richtigkeit großer Lebensentscheidungen zweifeln: War es klug, diesen Beruf zu erlernen? Hätte ich besser einen anderen Partner gewählt? Ist mir der Wohnortwechsel bekommen? Manches möchte man am liebsten rückgängig machen, doch wir leben vorwärts. Alles, was in unserem Leben geschehen ist, gehört zu uns und zu unserer Geschichte. Sich damit zu versöhnen, macht das Leben leichter.

Wenn wir allerdings unter unerfüllten Träumen leiden, das Vertrauen in uns selbst verlieren und am Ende den Sinn des Ganzen in Zweifel ziehen, dann droht der fließende Übergang vom Zweifel zur Verzweiflung. Der dänische Philosoph Søren Kierkegaard unterteilte einst: »Zweifel ist Verzweiflung der Gedanken, Verzweiflung ist Zweifel der Persönlichkeit.« Letzteres ist destruktiv: Wenn jemand an seiner eigenen Persönlichkeit zweifelt, dann fällt er in ein tiefes Loch. Solange der Zweifel nur in den Gedanken stattfindet, kann er sogar belebende Wirkung entfalten. Der Literaturnobelpreisträger Elias Canetti zählte schon über siebzig Jahre, als er sich selbstkritisch fragte: »Mit nichts fertig werden, anschlagen und offen lassen, – oder ist das bloß ein Rezept des listigen Alten, der tausend Dinge aufmacht, um sich nicht zu beschließen?« Das klingt plausibel.

Der Zweifel bleibt dennoch. Der Zweifel bohrt. Und so neigen wir doch zu endgültigen Antworten, und sei es das großherzige Bekenntnis des Sokrates: »Ich weiß, dass ich nichts weiß.« Damit wäre nämlich der Zweifel fast schon überwunden. Das Ziel ist nicht erreicht, wenn alle Zweifel getilgt sind, sondern wenn wir den Zweifel in unsere Persönlichkeit integrieren können.

Wissenschaftlicher Zweifel – Motor für die Zukunft

Der Zweifel entwickelte sich zur grundlegenden Methode der Wissenschaft. Ursprünglich war mit dem Begriff »Wissenschaft« die systematische Zusammenfassung aller vorhandenen Erkenntnisse gemeint. In der Neuzeit jedoch nahm das neue Wissen, vor allem in den Naturwissenschaften, rapide zu. Es bildeten sich schließlich Einzelwissenschaften heraus wie etwa Chemie, Biologie, Psychologie oder Soziologie. Für alle gelten die gleichen Grundbedingungen: Vorurteilsfreiheit, Wertfreiheit, Methodik, die Notwendigkeit, für richtig Befundenes beweisen zu müssen, und die Offenheit für Kritik und Veränderung.

Die Erziehungswissenschaftlerin Marianne Gronemeyer fasste einmal das Programm der modernen Wissenschaft folgendermaßen zusammen: »Der Fortschritt in der Erkenntnis der Natur verlangt Opfer. Zuallererst Opfer an Gewissheit. Methodischer Zweifel an allen bisher gültigen Erkenntnissen ist geboten. ... Der Zweifel wird so lange weitergetrieben, bis er an einen harten Kern stößt, der ihm standhält. ... Auf diesen unerschütterlichen Kern muss sich eine Wissenschaft gründen lassen, die von klarer Erkenntnis zu klarer Erkenntnis schreitet und die Beherrschung der Natur erlaubt.«

Dem Zweifel an alten Erklärungen und den bohrenden Fragen der Wissenschaft haben wir viel zu verdanken. Über weite Entfernungen zu kommunizieren, sollte das nicht möglich sein? Eine solche Idee muss den Menschen vor tausend Jahren als verrückt vorgekommen sein, doch Telefon, Fernsehen und Internet bestimmen heute die Koordinaten unseres Daseins. Selbst die Überzeugung, dass der Mensch vieles schaffen kann, nicht jedoch seinesgleichen, ist durch die Gentechnik ins Wanken geraten.

Doch da werden auch die Zweifler wieder wach. Nicht alles, was der Mensch kann, gereicht ihm zum Wohl. Ikarus gelang es der Sage nach, sich mit seinen Schwingen in die Lüfte zu erheben, doch als er der Sonne zu nah kam, stürzte er ab.

»Wozu sind wir auf Erden?«

Die großen Fragen, die nach dem Woher und dem Wohin des Menschen, sind aber auch damit nicht beantwortet. Wie soll man diese Fragen bewerten? Als läppisch, weil ja doch niemand eine letztgültige Antwort darauf zu geben vermag? Oder als gewaltig, weil sie unsere ganze Existenz auf den Punkt bringen?

Noch vor fünfzig Jahren scheute sich der Katechismus nicht, auf die Frage, »wozu sind wir auf Erden?« knapp zu bescheiden: »Wir sind dazu auf Erden, dass wir den Willen Gottes tun und dadurch in den Himmel kommen.« Doch so funktioniert das heute nicht mehr. Starke Worte und simple

Lösungen gehen an der Realität unserer differenzierten Welt vorbei. Die Alternativen lauten nicht, entweder »gläubig« oder »atheistisch« zu sein. Jeder ist heute ein Zweifler. Wie aber geht die Religion damit um?

Das Glaubensbekenntnis, das sonntags in der Kirche gesprochen wird, beginnt mit den Worten: »Ich glaube«. Doch glauben nicht alle Menschen irgendetwas? Manche glauben, eines Tages das große Los zu ziehen. Andere glauben an ein Sinken der Aktienkurse. Es gibt auch Leute, die an die heilende Kraft von Bernstein glauben. Viele glauben, dass Fitness wichtiger sei als alles andere. Doch kann man heute noch an Gott glauben?

Die Wissenschaft hat den Menschen dazu befähigt, Atome zu spalten und Raketen zum Mars zu schicken. Wir können Lebewesen klonen und mit Atombomben hunderttausend Menschen gleichzeitig töten. Sie erklärt uns, das Universum sei vor rund 4,6 Milliarden Jahren entstanden. Unsere Erde ist also nur ein kleiner Planet in einem der unzähligen Sonnensysteme. Wo bleibt da noch Platz für Gott?

Die Wissenschaft kann letztlich nur ihre eigenen Antworten geben – eben wissenschaftliche. Erdbeben entstehen durch Verschiebungen der Erdkruste. Flugzeugabstürze gehen auf Materialermüdung oder Fehler der Piloten zurück. Und wenn ein Kind an Krebs stirbt, entspricht das einer statistischen Wahrscheinlichkeit. Aber die drängende Frage nach dem »Warum?« ist damit nicht geklärt. Diese Frage stellen die Menschen jedoch Gott. Und wenn Gott dazu schweigt, dann stellen viele eben Gott selbst infrage.

In besonderen Situationen – in strahlendem Glück oder tiefem Elend – drängt sich die Frage auf: Das alles kann doch nicht vergebens gewesen sein? Dann lässt sich ein verborgener, aber tragender Grund unseres Seins erahnen.

Davon spricht auch der rumänische Philosoph Emil Cioran. In seinem Tagebuch ist zu lesen: »Solange man ein Gespür für das Geheimnis hat, behält man darin implizit eine religiöse Dimension. Denn religiös sein heißt, das Geheimnis zu spüren, sogar außerhalb jeder Form von Glauben. Ein Skeptiker, der dieses Gespür besitzt, riskiert, eines Tages einen Sprung aus dem Zweifel heraus zu tun.«

Du darfst zweifeln, das wäre eine schöne Botschaft. Lass ihn einfach zu, dann erst kann er von dir ablassen. Je mehr man nämlich den Zweifel verdrängt, desto drängender nagt er an einem.

Auf den Punkt brachte die ganze Thematik ein chassidischer Jude aus Osteuropa, der zweifelte, ob es Gott gibt oder nicht, und endlich ausrief: »Ich zweifle, ich zweifle, doch ich zweifle auch an meinem Zweifel.« Kurz: Wir sind zum Zweifel verurteilt, und doch ist Glauben möglich. Und der Zweifel hilft glauben. Eine Geschichte von Rumi, dem persischen Mystiker des 13. Jahrhunderts, erzählt: Ein Derwisch wurde vom Teufel in Versuchung geführt, Allah nicht mehr anzurufen, und zwar aus dem Grund, weil Allah nie geantwortet hatte: »Hier bin ich.« Der Prophet Khidr erschien dem Derwisch in einer Vision mit einer Botschaft Gottes: »Habe ich dich nicht zu meinem Dienst berufen? Habe ich dich nicht veranlasst, dich mit meinem Namen zu befassen? Dass du ›Allah‹ gerufen hast, war ja schon mein ›Hier bin ich!‹« Ähnliches sagt der katholische Theologe Karl Rahner, für den der Wunsch zu beten bereits ein Gebet ist.

Was bedeutet »Zweifel« denn tatsächlich? Sich über den Pfarrer zu ärgern ist etwas anderes, als ernsthaft zu bezweifeln, dass Jesus wirklich gelebt hat. Und es ist nicht das Gleiche zu fragen, ob er tatsächlich Brot hervorzaubern konnte wie andere Männer Kaninchen aus dem Zylinder oder ob die Auferstehung Jesu wie eine Story aus dem Bestseller »Unglaublich, aber wahr« zu verstehen ist. Es macht einen Unterschied, ob die Eigenschaften Gottes in Zweifel gezogen werden oder seine ganze Existenz.

Zu zweifeln ist keine Bedrohung des Glaubens. Der Zweifel ist sein Bruder. Er macht deutlich: Glaube ist keine Schrankwand, die man einmal hinstellt und dann nur noch anschaut. Glaube ist etwas Dynamisches, da steckt Bewegung drin, da gibt es Nähe und Distanz.

Ich habe einen Freund, der wie sein Vater evangelischer Pfarrer geworden ist. Als der Vater im Sterben lag, kam der Sohn und sprach zu ihm, wie es eben ein Pfarrer tut: Psalmen und andere Worte gläubiger Zuversicht. Der Vater wies ihn schroff zurück: »Hör auf damit!« Erschrocken meinte der Sohn: »Aber Vater, so hast du doch selbst viele Menschen ins Sterben begleitet.« »Ja«, stimmte der Alte zu, »aber nun sterbe ich selbst.«

Nach Friedrich Nietzsche ist sogar Gott selbst gestorben: »Gott ist tot!«, verkündete er. Wir stellen fest: Nietzsche ist tot und Gott lebt immer noch. Vieles im Glauben hingegen hat sich überlebt und darf dahinscheiden. Auch die Vorstellung, dass glaubende Menschen die besseren seien. Was wir in Psalm 14 lesen, denken immer noch einige: »In seinem Herzen redet der Tor: Es gibt keinen Gott. Verderbt sind sie, ihr Treiben ein Gräuel, keiner ist da, der noch Gutes tut.« Dazu kommentiert die Dichterin Christel Kehl-Kochanek in Form eines Gebetes:

Können sie dir gefallen, diese Worte?
Ich kann sie nicht nachbeten.
Dazu kenne ich viel zu viele Menschen,

deren Verstand nicht an dich,
den Gott Jakobs und den Abbagott Jesu, glauben,
und die dennoch Tag für Tag
Wärme und Licht in unsere Welt bringen.
Auch ihnen hast du deine Liebe ins Herz gelegt.
Und aus dieser Liebe handeln sie
ebenso wie die, die diese Liebe »Gott« nennen.
Dein Name aber, o Herr,
wie oft wird er auch missbraucht!
Wie eine Standarte tragen Mörderbanden ihn
vor sich her.
Darum wünsche ich mir manchmal,
dass wir ein neues Wort finden,
in dem Glaube, Hoffnung und Liebe
zum Ausdruck kommen,
ein Wort, das alle die vereint,
die deiner Gerechtigkeit
in unserer Welt mehr Raum geben wollen.

Das Credo der Moderne – oder: Kann man heute noch von Gott sprechen?

Das führt uns jedoch zu der grundsätzlichen Frage, ob man heute überhaupt noch von Gott sprechen kann, ob man überhaupt noch glauben kann. Darauf gibt es sehr verschiedene Antworten.

Abhandengekommener Glaube

»Was Andre hält an Glauben, Wünschen, Hoffen,
Ist mir erloschen. Wie ein Schattenspiel
Scheint mir das Leben, sinnlos ohne Ziel.«

So schreibt Albrecht Georg Haushofer 1944/45 in einem seiner »Moabiter Sonette«. Der Geograf, Diplomat und Schriftsteller verfasste seine Gedichte im Berliner Gefängnis Moabit. Als Widerstandskämpfer gegen den Nationalsozialismus war er inhaftiert worden und wurde wenige Tage vor Kriegsende ermordet. Dass Haushofer angesichts seiner ausweglosen Lage zu dieser Einschätzung kommt – wer wollte darüber richten? Seine Texte weisen an anderer Stelle auch religiöse Spuren auf. Aus diesen Zeilen aber spricht angesichts des drohenden Todes sein erloschener Glaube.

Aus einer ebenso ernsten, doch weniger dramatischen Situation stammt die Anekdote des bulgarischen Schriftstellers Georgi Gospodinov. Er erzählt mit heiterer Note vom staatlich verordneten Atheismus im ehemaligen Sozialismus – und vom beharrlichen Widerstand dagegen:

> »In Bulgarien gibt es keinen Gott, Oma‹, sagte ich noch auf der Schwelle, als ich sah, dass sie das Öl im Ewigen Licht wechselte. Meine Großmutter bekreuzigte sich schnell und verstohlen. Und sicherlich hätte sie mich angefahren wegen meiner Geschichten, aber sie sah meinen Vater an der Tür und warf nur ein: ›Was gibt es denn schon in Bulgarien? Weder Paprikapulver noch Öl.‹ Mir schien, dass sich meine Großmutter auf diese Weise vor der Frage nach Gott drückte, und erst später sollte ich verstehen, dass dieser Vergleich vom physischen und metaphysischen Defizit im Staat ein viel radikalerer Akt von ihrer Seite war. Wir lebten in einem Staat, in dem es grundlegende Dinge nicht gab. Alles hing miteinander zusammen. Die Heilige Dreifaltigkeit der Abwesenheit.«

Ein schlimmes Schicksal oder schlechte Lebensbedingungen können Menschen dazu bringen, ihren Glauben an Gott zu verlieren, ob nun schleichend oder in einem radikalen Akt der Loslösung. Die Erfahrung von Krieg, Diktatur, Naturkatastrophen, Unfällen, von Krankheit, Behinderung, Vergewaltigung oder dem Tod eines geliebten Menschen lassen sich nur schwer mit dem Vertrauen auf einen guten und allmächtigen Gott vereinbaren. Manche verlieren darüber ihren Glauben.

Gott als Selbstbeschränkung

Man kann sich auch ohne konkreten Anlass, allein durch den bloßen Gedanken, da sei ein Gott, in seiner Autonomie als Mensch beeinträchtigt fühlen. Etwas Größeres als man selbst? So formuliert der russische Schriftsteller Vladimir Nabokov in seinem Poem »Fahles Feuer«:

»Mein Gott starb jung. Ich fand Theolatrie
Erniedrigend und die Prämissen schwach.
Der freie Mensch braucht keinen Gott.
Doch war ich frei?«

»Theolatrie« kann man mit Gottesanbetung oder Gottesdienst übersetzen. Erlaubt diese Ansicht also den Umkehrschluss, dass Religion unfrei macht, weil Gott angebetet wird? Ähnlich kritisiert der Schweizer Dichter und Rapper Jürg Halter die Religion; sie drücke den Menschen zu Boden, statt ihn in den Himmel zu heben:

Erdwissenschaften

Sie versinkt in ihrem Sitz
wie ein Stein im Wasser;
geht unter wie eine
zu leise gestellte Frage.
Alles ist im Sinken
zum Erdmittelpunkt und
zurück in Millionen
von Jahren und ...
In allen Religionen gibt es
eigentlich nur einen Gott,

den der Schwerkraft.
Oder weshalb werfen sich
Gläubige auf den Boden
anstatt in die Luft zu springen?

Ich kann nicht beurteilen, was ihn zu dieser Einschätzung bewogen hat. Ob er möglicherweise eine negative Art von Glauben erlebte, von der er sich lossagen muss? »Religion« ist kein Qualitätsmerkmal! Es gibt eine Art zu glauben, die Menschen kleinmacht und sie in ihrem Leben freudlos werden lässt. Doch Religion birgt auch das entgegengesetzte Potenzial, nämlich das Glück zu finden und sich dafür einzusetzen, dass auch andere glücklich werden können.

»Wie man ohne Gott glücklich wird«, lautet der Untertitel eines Buches des französischen Philosophen Michel Onfray. Warum auch nicht? Nie würde ich behaupten, ohne Religion könne man nicht glücklich sein. Ich habe eher den Eindruck, der Haupttitel seines Werkes im Verbund mit dem Untertitel vermittelt eine unzutreffende Mutmaßung: »Die reine Freude am Sein«. Soll das heißen, dass man mit Gott eine »unreine«, also nur getrübte Freude am Sein verspürt?

Kritik an Gott hat Tradition

Wer argwöhnt, die Religion helfe dem Menschen nicht zum Leben, stattdessen unterdrücke und verdumme sie ihn, der betreibt Religionskritik. Während der Epoche der Aufklärung waren es vor allem Naturwissenschaftler und Philosophen, die die Religion als altmodisch und unnütz kritisierten. Zu ihren Vertretern gehörte Ludwig Feuerbach, der meinte, nicht Gott habe den Menschen, sondern der Mensch habe

Gott geschaffen und ihn mit allerlei Attributen ausgestattet, die ihm selbst abgehen. So ist der Mensch nur von begrenztem Einfluss, Gott aber sei allmächtig, der Mensch zeitlich, Gott ewig und so weiter.

Für Karl Marx verhinderte die Religion die Befreiung des Menschen zu seinem wirklichen Glück; Religion sei ein Narkotikum, das den Menschen ruhigstelle, damit er nichts zur Verbesserung der Gesellschaftsverhältnisse im Diesseits unternehme, meinte Marx. So erdulde er eben willig die Beschwerlichkeit und Ungerechtigkeit des Erdendaseins in der Hoffnung auf ein besseres Jenseits.

Der Psychoanalytiker Sigmund Freud erklärte alle religiösen Ansätze der Sinngebung aus der Entwicklungspsychologie des Menschen. Für ihn gab es keinen allgemeinen Sinn des Lebens. Wohl lasse sich offensichtliches Streben der Menschen nach Glück, Herbeiführen von Lust und Vermeidung von Unlust beobachten, so Freud. Das aber begründe noch nicht eine Sinnhaftigkeit, wie sie die Religionen vorgeben. Letztlich diagnostizierte Freud die Religion als eine Art Geisteskrankheit.

Der französische Biochemiker Jacques Monod stellte in seinem Werk »Zufall und Notwendigkeit. Philosophische Fragen der modernen Biologie« fest: »Wir möchten, dass wir notwendig sind, dass unsere Existenz unvermeidbar und seit allen Zeiten beschlossen ist. Alle Religionen, fast alle Philosophien und zum Teil sogar die Wissenschaft zeugen von der unermüdlichen, heroischen Anstrengung der Menschheit, verzweifelt ihre eigene Zufälligkeit zu verleugnen.« Demnach wäre gewissermaßen die Sehnsucht nach Sinn und nach Gott schon der Beweis für das krasse Gegenteil. Eine »aufrichtige« Lebensanschauung wäre folglich einzig der Existenzialismus, der davon ausgeht, dass das Leben sinnlos und voller Leiden ist. Martin Heidegger, Karl Jaspers, Jean Paul Sartre, Simone de Beauvoir, Albert Camus u. a. behaupten in ihrer Existenzphilosophie, der Mensch müsse sein Dasein in Schuld, Gebrochensein und Endlichkeit allein erleiden.

Wir sehen zumindest: Ohne Glauben ist das Leben nicht automatisch glücklicher. Ganz im Gegenteil. Martin Walser notierte einmal: »Wenn ich von einem Atheisten, und sei es von einem ›bekennenden‹ höre, dass es Gott nicht gebe, fällt mir ein: Aber er fehlt. Mir.«

Gar nicht fehlt er dem amerikanischen Philosophen Ronald Dworkin, der eine »Religion ohne Gott« propagiert und sich dabei auf Albert Einstein beruft, der Ehrfurcht allein dem Mysterien des Universums zollte, »deren höchste Weisheit und strahlende Schönheit wir mit unseren matten Erkenntnisvermögen nur rudimentär begreifen können«. Für Dworkin ist eine solche Haltung zutiefst religiös, auch wenn sie auf die Vorstellung, dass da ein Gott existiert, verzichtet. Religion bezeichnet seiner Ansicht nach eine Sicht auf die Welt, die von einem tiefen Glauben an objektive Werte getragen wird: dass alle Geschöpfe eine Würde haben, dass erfülltes Leben möglich und Schönheit nicht allein als Produkt unserer Sinnesorgane zu erklären ist. Diese Werte stammten aber nicht von Gott, es gibt sie wirklich. Gottesglaube sei eine Antwort darauf, aber eben nicht die einzige, so Dworkin.

Atheisten und die Sehnsucht nach Gemeinschaft

Nicht so theoretisch, sondern ganz praktisch setzt sich eine zeitgenössische Bewegung in London mit dem Atheismus auseinander. Janek Schmidt schreibt unter der Überschrift »Jubeln ohne Gott. Gemeinschaft erleben, Spaß haben, Gutes tun: Warum sich in England Atheisten zur Sonntagsmesse treffen« in der ZEIT vom 20. Oktober 2013 über dieses extra-ordinäre Phänomen. Am Sonntagmorgen versammeln sich Atheisten und hören Musik, singen, lauschen Vorträgen und sammeln Spenden für Bedürftige: »Wenn man beginnt, den Hintergrund dieser Messen zu beleuchten, dann stößt man auf bekehrte Atheisten und zweifelnde Priester, auf euphori-sche Wanderarbeiter und verärgerte Millionäre. Vor allem aber lernt man, dass der Atheismus in England eine Bewe-gung mit einer langen Tradition ist – und gerade in jüngster Zeit neue Schubkraft bekommen hat.« Die Besucher seien »zwischen 20 und 50 Jahre alt, die meisten weiß und alle auffallend gut gelaunt«. Schmidt zitiert einen Teilnehmer der Versammlung, der erklärt: »Gerade in London führen so viele ihr eigenes Leben, und es gibt so wenig Gemeinschafts-sinn. ... Wenn ich das jetzt in einer Kirche suchen würde, käme ich mir vor wie ein Schwindler, weil ich nicht wirklich an Gott glaube. Da komme ich lieber hierher.«

Diese Londoner Bewegung betont den praktischen Nut-zen und die soziale Funktion der Religion. 1979 kam der Soziologe Peter L. Berger in seiner Analyse zur Krise der Reli-gion (»Der Zwang zur Häresie. Religion in der pluralistischen Gesellschaft«) noch zu einem anderen Ergebnis: »Was an der heutigen Welt am augenfälligsten ist, das ist nicht so sehr ihre Säkularität, sondern viel mehr ihr großer Hunger nach Erlösung und nach Transzendenz.« Berger empfahl damals den »dritten Weg« zwischen neoorthodoxer Rekonstruktion und der Kapitulation vor der Säkularisierung. Damit liegt er wohl immer noch richtig.

Selbst Protagoras scheint aktuell; schon vor zweiein-halbtausend Jahren kam der griechische Weisheitslehrer zu dem Schluss:»Von den Göttern weiß ich nichts, weder, dass es solche gibt, noch dass es keine gibt. Denn viele Hindernisse versperren uns diese Erkenntnis, die Unklarheit der Sache und die Kürze des menschlichen Lebens.« Glauben ist eben nicht das gleiche wie Wissen. Ich kann nicht wissen, dass es Gott gibt. Aber ich kann an ihn glauben. Und ich kann ihn erfahren. Manchmal ist er mir so nah wie meine Frau, die mir beim Essen am Tisch gegenüber sitzt, wie mein Freund, neben dem ich spazieren gehe. Ich habe sie erlebt, die Wirklichkeit Gottes, und daher hungere ich nach Begegnung mit ihm, nach Gemeinschaft (= Kommunion). Die Kritiker zeihen mich der Schwärmerei und erklären sich meine transzendenten Gefühle als Hormonausschüttung. »Unser atheistisches Zeitalter, das die biblische Legende belächelt, hält Gott für das Pseudonym der menschlichen Dummheit« (Maxim Gorki).

Die Argumente, die im Lauf der Geschichte gegen Gott ins Feld geführt wurden, sind gewichtig. Doch immer bleiben mehr Fragen als Antworten. Das Dasein ist eben doch weit mehr als das, was wir zählen, wiegen und messen können. Man kann Gott nicht beweisen, aber natürlich auch nicht, dass es keinen Gott gibt.

Höher als die Vernunft

So viel wir auch über Gott nachdenken, wir werden ihn nicht verstehen. Christian Morgenstern wusste, Gott wäre etwas gar Erbärmliches, wenn er sich von einem Menschenkopf begreifen ließe. Das Nachdenken an sich ist notwendig und sinnvoll, doch ich stelle mir das wie in einer menschlichen Beziehung vor: Über einen geliebten Menschen nachdenken ist nicht der Königsweg zu seinem Herzen. Der führt über die Liebe. Wichtiger als der Verstand ist eben das Erlebnis. »Erfahrung geht vor Denken«, fasst der Theologe und Journalist Michael Albus seinen Zugang zur Religion zusammen:

>»Religion ist Unterbrechung, ja die Vereitelung meines Wunsches nach ungehinderter, grenzenloser Selbstbestimmung.
>Religion ist das, was ich aus meiner Einsamkeit mache.
>Religion ist die Fähigkeit, mit offenen und in der Zeit des Lebens offen bleibenden Fragen sinnvoll zu leben.
>Religion ist eine Urkraft, die unlösbar mit der Tatsache meines Lebens verbunden ist. Sie kann zerstörerisch und heilsam sein.
>Religion ist das Verhältnis und das Verhalten zu etwas, das unheimlich und zugleich heilig ist.
>Religion ist die Fähigkeit, in begrenzter Freiheit angesichts einer Macht zu leben, die meine Herkunft, meinen Anfang, mein Ende, meine Gegenwart und meine Zukunft bestimmt und übersteigt.
>Religion ist und bleibt die Erfahrung bleibender Ferne und bestürzender Nähe.«

Wie gut, dass die Predigt im Gottesdienst der wortreichen und mitunter verkopften evangelischen Kirche mit dem Kanzelsegen endet, einem Pauluswort: »Der Friede Gottes, welcher höher ist als alle Vernunft, bewahre eure Herzen und Sinne in Christus Jesus« (Philipperbrief 4,7).

Der Gott, der jenen Frieden schenkt, hat allerdings starke Gegner: einerseits fanatische Gläubige in allen Religionen, die meinen, Gott einen Dienst zu erweisen, wenn sie grausam oder engstirnig sind. Andererseits gibt es in allen

Religionen Bigotte und Unaufrichtige, die fromm daherreden, aber nicht nach ihren Worten handeln. Auch sie sind kein Aushängeschild für den Glauben und schaden der Überzeugungskraft der Religion.

Kleines Lexikon der Religionen – oder:
Wie Menschen über Gott reden und denken

Ob, und wenn ja, wie man von Gott sprechen und denken kann, beschäftigt die Menschen schon seit Jahrtausenden. Dabei haben sich ganz verschiedene Kulturen und Traditionen herausgebildet. Warum Menschen überhaupt auf den Gedanken eines Gottes kamen, lag wohl vor allem darin begründet, dass sie – wie wir heute auch – Antworten suchten auf ihre drängenden Fragen. Und auch, weil sie verstehen wollten, »was die Welt im innersten zusammenhält«.

Sinn-stiftend – Religionen und ihr »Sitz im Leben«

Unsere Welt ist ein großes Geheimnis. Seit es Menschen auf der Erde gibt, fragen sie: Woher kommt das Leben? Wer hat die Menschen, die Tiere und Pflanzen gemacht? Wer schuf die Ozeane und die Berge? Die Menschen staunen über die Größe und Schönheit der Natur, doch sie machen sich auch noch andere Gedanken: Was hat das alles für einen Sinn – geboren werden, leben und dann sterben? Woher kommen Naturkatastrophen, die den Menschen ihre Heimat zerstören, und Krankheiten, die ganze Sippen und Stämme ausrotten? Wie kommt es, dass manche Menschen uralt werden, andere schon als kleine Kinder sterben? Was ist den Menschen erlaubt, was ist verboten? Erwartet uns etwas nach dem Tod? Steckt hinter allem eine größere Macht, ein verborgener Sinn? Was oder wer ist Gott, was will Gott von den Menschen?

Die Suche nach Sinn entspringt dem Wunsch zu verstehen. Die Erfahrung lehrt uns, dass wir leichter bewältigen können, was nachvollziehbar erscheint. Vom Wunsch, zu verstehen, sind auch die Religionen geleitet. Die religiöse Dimension zeigt sich davon überzeugt, dass Entscheidendes, unser Leben Beeinflussendes jenseits unserer wahrnehmbaren Alltagswelt liegt. »Glauben« ist ein vielgestaltiges Gut; in der Geschichte der Menschheit sind zahlreiche religiöse Bekenntnisse entwickelt worden. Sie alle haben mehr oder weniger mit der Frage nach dem Sinn zu tun.

Nach Sinn wird bis auf den heutigen Tag gefragt, bisweilen mit drängender Betroffenheit. So schrieb der italienische Journalist Indro Montanelli im hohen Alter von 92 Jahren: »Ich bekenne: Ich erlitt und erleide meinen Mangel an Glauben nicht mit Verzweiflung. Aber ich empfand und empfinde ihn als eine tiefe Ungerechtigkeit, die meinem Leben jetzt, da es für mich ans Bilanzziehen geht, allen Sinn nimmt. Wenn es darauf hinausläuft, die Augen zu schließen, ohne gewusst zu haben, woher ich komme, wohin ich gehe und was ich hier sollte, hätte ich sie gar nicht erst zu öffnen brauchen.«

Viele Menschen stellen heute diese oder ähnliche Fragen. Der Philosoph Gianni Vattimo meint, die »Wiederkehr des Religiösen« habe nach dem Zweiten Weltkrieg mit der Angst vor einem Atomkrieg eingesetzt. Diese Angst habe neue Nahrung gefunden in der Sorge um die weltweite Bedrohung der Umwelt und durch die Gefahren, die mit den neuen Möglichkeiten der Genmanipulation verbunden seien. Vattimo stellt fest: »Nicht weniger verbreitet ist zumindest in den fortschrittlichen Gesellschaften die Angst vor dem Verlust des Sinns der Existenz, vor jener wahren und eigentlichen Langeweile, die mit der Konsumgesellschaft unvermeidlich einherzugehen scheint.«

Religionen versuchen Antworten zu geben. Denn alle sehen sich mit ähnlichen Problemen konfrontiert, den Problemen des Menschen: Es ist nicht alles machbar, was der Mensch sich erhofft, und nicht alles, was ihm gelingt, bekommt ihm auch. Nicht jeder Menschheitstraum wird erfüllt, und mancher erfüllte Traum entpuppt sich später als Alptraum. Der Frieden ist ein fragiles Gut, Gerechtigkeit und Wohlstand für alle sind wie eh und je unerreichte Utopien und Zweifel am Fortschritt sind so alt wie der Fortschritt selbst.

Viele Menschen unserer Epoche – vornehmlich in den westlich geprägten Gesellschaften – leiden unter dem Phänomen der »Entfremdung«. Sie sind sich selbst »fremd« geworden und vermögen wichtige Bereiche ihrer Lebenswirklichkeit nicht in ihre Identität zu integrieren. Sie empfinden sich als Persönlichkeiten, an die je nach Rolle in Partnerschaft, Beruf oder Amt Erwartungen gestellt werden, die ihren inneren Bedürfnissen entgegengesetzt sind. So können ganze Lebensbereiche »fremd« werden.

Familiäre, gesellschaftliche oder nationale Traditionen, herkömmliche Religiosität oder andere Ideologien können in einer aufgeklärten Gesellschaft nicht mehr die Kraft spenden, das Leben als sinnvolles Ganzes zu begreifen.

Sinn zu stiften, das war einmal geradezu ein Monopol der Religionen. Religion bringt nämlich entscheidende Komponenten ins Spiel und verändert dadurch die Koordinaten des Lebens: Sie thematisiert das Überweltliche, das, was vor dem Leben war und was nach ihm sein wird. Sie spricht von unsichtbarer, aber gegenwärtiger Macht, ob sie nun Ma'at heißt, wie die ägyptische Lehre der Weltordnung, oder ob es um das Tao geht; ob die Götter Zeus, Wakan Tanka, Jahwe oder Allah heißen. Ihre Botschaft lautet: Über das hinaus, was wir auf der Welt sehen, hören, riechen, schmecken, spüren, wiegen, messen, zählen können, gibt es eine Wirklichkeit, eine Kraft, die mit uns zu tun hat. Man kann sie erkunden, ergründen, erfahren. Man kann glauben.

Religionen sind mehr oder minder komplizierte Systeme, die philosophische und praktische Aspekte aufweisen: Sie beantworten die Fragen nach dem Woher und Wohin der Welt und des Menschen; sie haben in der Regel einen ethischen Verhaltenskodex entwickelt und sie verfügen über Rituale, die sowohl mystisches Erleben der Transzendenz als auch Gemeinschaftsbildung ermöglichen. Die Religionen zeigen dadurch letztlich, dass sie die Welt und das Leben bejahen. Der Religionswissenschaftler Axel Michaels nannte die Religionen einmal die Antwort des Menschen auf das Bewusstsein seiner Sterblichkeit.

Doch die Fähigkeit, dem Leben Sinn zu geben, scheint den Religionen immer mehr abhanden zu kommen. Die Zahl jener, die sich durch die institutionalisierten Religionen Sinn vermitteln lassen wollen, nimmt nicht nur in Europa ab. Hängt das etwa damit zusammen, dass die Frage des »Wozu?« ihre Dringlichkeit verloren hat, oder haben die religiösen Antwortversuche ihre Überzeugungskraft eingebüßt?

Möglicherweise hängt das Phänomen des abnehmenden Interesses an Religion als Sinngebungssystem auch damit zusammen, dass die Frage des »Wozu?« heute oftmals als Ausdruck von Schwäche gewertet wird. Das Idealbild des aufgeklärten, selbstbewussten Menschen bedarf keines höheren Sinns; das Bedürfnis nach Sinn wird so als (therapierbare) Angst vor dem Leben gedeutet.

Dem gegenüber steht jedoch die Erfahrung von Menschen vieler Jahrtausende, dass das Leben nicht nur zu erleiden, sondern auch zu gestalten und zu genießen ist. Wichtige Hilfestellung gibt dabei die Religion. Sie ordnet die Welt, gibt ihr Struktur, macht das Unverständliche verständlich oder zumindest handhabbar. Sie weist dem Menschen einen Ort in der Welt zu, verleiht ihm damit eine Identität. Kurzum: Sie macht aus dem Chaos einen Kosmos (= griechisch für »Ordnung«) und schenkt dem Leben eine höhere Weihe – weit über bloße »Existenz« hinausgehend.

Als Höhepunkt des menschlichen Strebens nach Idealen und Zielen sieht der Psychoanalytiker Alfred Adler die Spekulation an, dass da ein Gott sei. Allen noch so leidenschaftlich vorgetragenen Argumenten gegen Gott zum Trotz: Menschen glauben an ihn. Glauben jedoch heißt bekanntlich: nicht wissen. Nicht zu wissen, schadet aber der Attraktivität Gottes kaum. Der rumänische Philosoph Emile Cioran bemerkte spöttisch und doch treffend: »Der Vorzug, an Gott zu denken: alles Mögliche über ihn sagen zu können. Je weniger man die Ideen miteinander verknüpft, umso mehr Aussichten hat man, sich der Wahrheit zu nähern. Gott profitiert, kurz und gut, von den Randzonen der Logik.«

Religionen sind lebendige Gebilde: Sie entstehen und entwickeln sich, beeinflussen die Kultur und werden von ihr beeinflusst, sie sind dem Wandel unterworfen. Religionen sind komplexe Systeme; sie helfen die Welt zu verstehen und zu ordnen. Dazu verfügen sie über eine Fülle von Symbolen. Der Begriff »Symbol« bedeutet übersetzt »Sinn-Bild«; wörtlich heißt es »das Zusammengeworfene«. Solche Sinnbilder können heilige Texte sein, Rituale, besondere Personen, ethische Weisungen. Religionen erheben den Anspruch, das Leben bewältigen helfen zu können. Dafür treffen sie eine Auswahl aus der Vielzahl der Wege, es zu gestalten und zu verstehen. In den vielen verschiedenen Religionen gab und gibt es immer auch verschiedene Ansichten über Gott, über die Welt, die Menschen und das richtige Leben.

»Sinn und Geschmack fürs Unendliche«, so nennt der Theologe Friedrich Schleiermacher die Religion. Dieser Sinn und Geschmack ist den meisten Menschen auf der Erde bisher noch nicht abhanden gekommen. Der überwiegende Teil der Erdbevölkerung gehört einer Religion an – obwohl wir nach der Aufklärung leben, obwohl uns die Wissenschaft diese Welt ohne überweltlichen Bezugsrahmen zu erklären versucht, obwohl so viele Argumente gegen die Existenz jener Wirklichkeit sprechen, die wir hilflos mit dem schwachen Wort »Gott« bezeichnen. Der jüdische Religionsphilosoph Martin Buber nennt es »das beladenste aller Menschenworte«. Keines sei so besudelt, so zerfetzt worden. Gerade deshalb dürfe der Mensch darauf nicht verzichten. Doch in welchen »Gottesbildern« stellten sich Menschen Gott vor?

Viele Götter

Niemand kann heute mit Sicherheit sagen, woran die ersten Menschen auf der Welt geglaubt haben. Vielleicht beteten sie die Sonne und den Mond an oder verehrten Feuer und Wasser, weil sie spürten, wie sehr der Mensch von den Naturgewalten abhängig ist. Wahrscheinlich hat sich die Vorstellung von dem, was wir »Gott« nennen, erst mit der Zeit entwickelt. Und mit dem Wort »Gott« verbinden sich höchst unterschiedliche Ideen.

In manchen Religionen glauben die Menschen an viele verschiedene Götter. Die Ägypter zum Beispiel verehrten sie in Gestalt der Sonne, der Erde und verschiedener Tiere, etwa den Sonnengott Ra, den Auferstehungsgott Osiris, seine Gattin Isis, den falkenköpfigen Gott Horus, oder Anubis, den Totengott mit dem Kopf eines Schakals.

Auch die Griechen und Römer kannten viele Götter, die sogar Familien mit Eltern und Nachkommen bildeten wie die Menschen. Sie wohnten ihrer Ansicht nach auf dem heiligen Berg Olymp, in den Meeren und Gewässern und in der Unterwelt.

In der germanischen Religion gab es ebenfalls viele Götter. Den Göttervater nannte man Wotan (nordisch Odin), der Gott des Donners war Donar (nordisch Thor).

In Religionen mit vielen Göttern haben diese meist unterschiedliche persönliche Aufgaben. Es gibt jeweils einen Gott oder eine Göttin für die Fruchtbarkeit, für die Jagd, für den Krieg, den Wein, die Musik, die Liebe und so weiter.

Die größte Religion, in der viele Götter verehrt werden, ist der Hinduismus. Dort bilden Vischnu, Brahma und Schiva eine Dreiheit: Sie stellen den Lauf des Lebens dar. Brahma ist der Schöpfer, der alles erschafft, Vischnu der Erhalter, der alles leben und gedeihen lässt, und Schiva der Zerstörer. Manchmal kommt Vischnu in der Gestalt eines jungen, schönen Mannes auf die Welt, als Krischna. Dieser Gott ist in Indien sehr beliebt. Vischnus Frau ist Lakschmi, die Göttin des Glücks und der Schönheit. Dazu kommen noch viele andere.

Ein Gott

Im Gegensatz zu diesen Vorstellungen gibt es monotheistische Religionen, die nur an einen einzigen Gott glauben. Zoroastrier, Juden, Christen und Muslime sind überzeugt, dass dieser eine Gott der Ursprung der Welt ist und ihren

Lauf bestimmt. Monotheistische Religionen gehen davon aus: Gott ist nie von einem Menschen gesehen worden; er ist zwar verborgen, doch überall gegenwärtig.

Nach der Bibel hat Gott einen Namen, nämlich »Jahwe«. Die Juden sprechen diesen Namen aus Ehrfurcht nicht aus. Wenn in der Bibel die hebräischen Buchstaben für Jahwe stehen, sagen sie stattdessen Adonai, »Mein Herr« oder Ha-Schem, was so viel bedeutet wie »der Name«. Übersetzt bedeutet das Wort »Jahwe« etwa: »Ich bin der ich bin«. Das hebräische Verb macht deutlich: Bei Gott handelt es sich nicht um etwas Statisches. Gott ist nicht unwandelbar. Er ist ein Gott im Werden.

Muslime sagen zu Gott »Allah«. Dieses arabische Wort ist kein Eigenname, sondern bedeutet einfach »Gott«. Christen glauben, dass der eine Gott eine Einheit von Dreien ist: von Gott Vater, Sohn und Heiligem Geist.

Auch in weniger verbreiteten Religionen gab oder gibt es den Glauben an nur einen Gott. Für die Mitglieder des afrikanischen Stammes der Bassar ist Unimboti der eine Gott und unsichtbare Grund allen Lebens, aber er ist weit entfernt von den Menschen. Die Lakota-Indianer nennen die Lebenskraft, die alles zusammenhält, Wakan Tanka. Im 14. Jahrhundert bestand in den Anden Südamerikas das Reich der Inkas. Ihr Schöpfergott hieß Pachacamac.

Das Göttliche

Eine Religion scheint ohne Gott auszukommen: der Buddhismus. Der indische Prinz Siddhartha Gautama wurde später »Buddha« genannt. Dieser Ehrentitel heißt übersetzt »der Erwachte« oder »der Erleuchtete«. Der Buddha behauptete nicht, dass es keine Götter gebe. Aber er meinte, für den Weg der Erleuchtung würden die Götter keine Rolle spielen. Im Lauf der Jahrhunderte wurde dann allerdings der Buddha selbst als Gott verehrt.

Auch der Taoismus (auch Daoismus geschrieben) spricht nicht von Gott, kennt aber die Göttlichkeit des Tao, des »Weges«. Seine Hauptschrift, das »Buch vom Weg« (Tao-Te-King, auch Daodejing), entstand vermutlich im vierten Jahrhundert vor Christus. Das Werk preist in poetischer Form die letzte, unnennbare Wirklichkeit hinter allen Dingen, also das, was man »Gott« nennt. Als Autor gilt Lao Zi (auch Laotse), der »Alte Meister«. Er soll im sechsten Jahrhundert vor Christus gelebt haben und ein Zeitgenosse des Konfuzius gewesen sein, doch kann mit historischer Sicherheit nichts über diesen Mann gesagt werden, nicht einmal, ob er wirklich gelebt hat.

Ursprünglich war der Taoismus eine philosophische Lehre. Bekannt ist etwa das Yin-Yang-Prinzip, das Gegensätze in Harmonie versöhnen möchte: männlich – weiblich, hell – dunkel, richtig – falsch, gut – böse, sie werden letztlich eins. Lao Zi deutete den »Weg« mystisch als göttliches Urwesen, aus dem alles entstanden sei und zu dem alles wieder hinführe. Nach ihm entspringt die Wirklichkeit trotz ihrer Vielfalt in einem geheimnisvollen Absoluten. Im Taoismus gilt als weise, wer dem Weg folgt. Er vermag Unsterblichkeit zu erlangen. Das Tao ist überall zu finden. Im Laufe der Jahrhunderte entwickelte sich der Taoismus zu einer Volksreligion mit verschiedenen Konfessionen, die neben Lao Zi noch andere Götter verehren, auch Rituale, Priesterklassen, Mönchsorden, heilige Schriften und ebensolche Orte hervorbrachten.

Gott begegnen und erfahren

Sicher gibt es zwischen den genannten Religionen große Unterschiede. Es finden sich aber auch grundsätzliche Gemeinsamkeiten, auch wenn diese eine je eigenen kulturelle Ausprägung haben. So brauchen beispielsweise alle Gläubigen einen Platz, an dem sie ihren Gott verehren können. Aus dem Bereich des Alltags, der bestimmt ist von Arbeit, Handel, Lernen und Wohnen, sparen sie Orte aus, die der Religion vorbehalten sind. Ein solcher Ort kann eine Höhle sein oder eine Lichtung im Wald, ein einzelnes Gebäude oder eine ganze Stätte. Hier versammeln sich die Gläubigen regelmäßig oder zu besonderen Anlässen, um gemeinsam den Mittelpunkt ihres Glaubens zu erfahren.

Schon früh haben glaubende Menschen für Gott Häuser gebaut. Die alten Ägypter, Griechen und Römer errichteten Tempel, in denen den Göttern Opfer dargebracht wurden. Auch die Juden brachten einst im Tempel von Jerusalem Opfer dar. Wichtiger aber war für sie der Glaube, dass Gott an diesem heiligen Ort anwesend ist. Außerdem bauten sie Lehrhäuser, in denen die Heiligen Schriften erörtert wurden: die Synagogen. Seit der Tempel von Jerusalem im Jahr 70 nach Christus von den Römern zerstört wurde, gibt es nur noch die Synagogen als Versammlungsräume. Sie sind seither die Stätte für den Gottesdienst.

Die Juden sitzen meistens nach Geschlechtern getrennt in der Synagoge. Für Frauen und Mädchen gibt es eine eigene Abteilung, häufig auf der Empore. Männer und Jungen setzen in der Synagoge eine Kopfbedeckung auf, das traditionelle Käppchen, die Kippa, oder auch einen Hut oder eine Mütze. Zentraler Ort der Synagoge ist der Toraschrein, ein geschmückter Schrank, in dem die Schriftrollen der Tora, der

Fünf Bücher Mose, aufbewahrt werden. Sie sind von Hand geschrieben und kostbar verziert und eingehüllt. Auf einem erhöhten Tisch in der Mitte der Synagoge werden diese Schriftrollen ausgebreitet, dann liest man daraus vor.

Die ersten Christen versammelten sich in privaten Wohnungen oder auf den unterirdischen Friedhöfen Roms, den Katakomben. Als ihre Religion im römischen Reich nicht mehr verfolgt wurde, bauten sie Häuser für den Gottesdienst – die Kirchen. Gerne nutzten sie dazu Orte, an denen zuvor der Tempel einer anderen Religion gestanden hatte, oder sie übernahmen solche Tempel und bauten sie um.

Die Moschee ist die Stätte, an der sich die Muslime zum rituellen Gebet versammeln. Neben der Moschee befindet sich das Minarett, ein hoher, spitzer Turm. Von dort aus wird verkündet, wenn die Zeit zum Beten gekommen ist. Alle ziehen vor dem Betreten der Moschee die Schuhe aus; Männer waschen sich vor dem Gebet Gesicht, Hände, Arme und Füße. Männer und Frauen beten getrennt. Die Moschee ist mit Teppichen ausgelegt; es gibt keine Stühle. Der Mihrab, eine reich geschmückte Nische in der Wand, zeigt die Gebetsrichtung nach Mekka an. Auf der rechten Seite befindet sich ein Podest; von dort wird freitags eine Predigt gehalten.

Bei Hindus und Buddhisten sind die Tempel Stätten des Opfers und des Gebets. Sie werden an Festtagen oder zu bestimmten Anlässen aufgesucht. Wer den Tempel betritt, zieht die Schuhe aus. Es gibt keine Bänke. Im Zentrum der meisten Tempel befinden sich manchmal (überlebens-)große Götter- bzw. Buddhastatuen. Davor legen die Gläubigen Früchte oder Blumen ab, entzünden ein Licht, häufig auch Räucherstäbchen. Hindus und Buddhisten richten aber auch in ihren Wohnungen kleine Altäre ein.

Obwohl glaubenden Menschen bewusst ist, dass Gott nicht in den Häusern wohnt, die man ihm errichtet hat, sind diese Gebäude wichtig als Stätten der Begegnung mit dem Heiligen durch Gebet, Opfer, Meditation und Lesung aus den Heiligen Schriften. Außerdem dienen die Gotteshäuser der Begegnung der Gläubigen untereinander.

Menschen, die an einen Gott oder an mehrere Götter glauben, wollen mit Gott oder den Göttern zudem Kontakt pflegen. Sie können in der Stille ihres Herzens beten oder in gemeinschaftlichen Ritualen ihren Glauben feiern. Die Andachten können schlicht oder feierlich sein, täglich gehalten werden oder zu bestimmten Anlässen.

Das Gebet will zu Gott führen. Wie gebetet wird, sieht in den verschiedenen Religionen sehr unterschiedlich aus, weil auch die Vorstellungen von Gott oder den Göttern unterschiedlich sind. Das Falten der Hände beispielsweise ist ein Zeichen der Sammlung. Manche beten dagegen mit hoch erhobenen Armen, als streckten sie sich Gott entgegen. Andere werfen sich zu Boden. Einige Glaubensgemeinschaften legen Wert auf eine feste Liturgie, andere auf Gesang, wieder andere auf langes Schweigen. Eine der ältesten Gebetshaltungen sind die erhobenen offenen Hände. Sie versinnbildlichen: Ich wende mich Gott zu. Ich stehe vor ihm, leer wie eine Schale, und will mich von Gott füllen lassen. Gebet hat viele Formen: sprechen, singen, schweigen, tanzen. Die Menschen drücken damit aus, was ihnen wichtig ist: Verehrung Gottes, Lob, Dank, Bitte oder Klage.

In vielen Religionen gibt es Menschen, die eine besondere Stellung in der Gemeinschaft der Gläubigen einnehmen. Diese können sie aufgrund ihrer Abstammung haben – also durch Vererbung oder den Rang ihrer Familie –, sie können aber auch durch ein Orakel dazu auserwählt oder von der Gruppe der Gläubigen dazu berufen werden.

Die häufigste und älteste Form der besonderen religiösen Aufgabe ist die des Priesters. Er feiert als Stellvertreter des Herrschers den heiligen Kult und spricht Segensgebete. So sah man bei den alten Ägyptern den Pharao als einen Stellvertreter des höchsten Gottes an und verehrte ihn wie diesen selbst. In der römischen Religion versah der Vater die Rolle eines Priesters; er brachte für seine Familie den Göttern Opfer dar. Auch in manchen indigenen Religionen wird der Häuptling als der Beauftragte Gottes verstanden.

Im Judentum gab es bis zur Zerstörung des Tempels eine erbliche Priesterschaft, die Leviten, die den Kult in Jerusalem versahen. Als es keinen Tempel mehr gab, hatten die Priester keine Aufgabe mehr. Nun konzentrierten sich die Juden auf das Studium ihrer Heiligen Schriften. Einen Lehrer dieser Schriften nennt man Rabbiner. Er leitet den Gottesdienst in der Synagoge, was aber ebenfalls ein sogenannter Kantor übernehmen kann. In den jüdischen Gemeinden werden die Rabbiner wegen ihres großen Wissens hoch geschätzt. Ähnlich ist die Stellung der Imame im Islam: Sie leiten die Moscheegemeinden und beten beim Pflichtgebet vor. Sie sind jedoch keine Priester, die zwischen Gott und den Gläubigen vermitteln sollen.

Die Schamanen der indigenen Religionen sind durch ein außergewöhnliches Ereignis aus der Gruppe der anderen Menschen hervorgehoben. Sie setzen sich durch Tanz oder Meditation mit den Geistern in Verbindung, bannen Gefahren und schauen in die Zukunft.

In einigen Religionen gibt es Männer und Frauen, die ihr ganzes Leben in den Dienst Gottes stellen wollen. Solche gottgeweihten Menschen verpflichten sich zu Ehelosigkeit,

Gehorsam und Armut und leben in Gemeinschaften unter der Anleitung eines Vorstehers oder einer Vorsteherin zusammen. Im Hinduismus kann jeder Mann, nachdem seine Kinder erwachsen geworden sind, als pilgernder Mönch über Land ziehen. Buddha wurde selbst ein Mönch und gründete eine Ordensgemeinschaft. Manche Buddhisten meinen, nur Mönche und Nonnen könnten den wahren Buddhismus leben.

Im Judentum gab es bis ins erste Jahrhundert eine Art Klostergemeinschaft, die unter anderem in Qumran lebte; danach ist das Mönchtum im Judentum ausgestorben. Im Islam leben die sogenannten tanzenden Derwische in klosterähnlichen Gemeinschaften zusammen. Im Christentum schließlich gibt es eine große Anzahl verschiedener Ordensgemeinschaften.

Wo Menschen zusammenleben, brauchen sie Grundsätze, die dieses Zusammenleben regeln. Das gilt für Familien, Gemeinschaften, Völker. Religiöse Menschen fragen sich auf dem Grund ihres Glaubens: »Was sollen wir tun? Was sollen wir lassen? Wie sollen wir leben, damit es Gott gefällt?« Daher gelten für alle Gläubigen bestimmte Gebote. Gebote sind religiös begründete Pflichten oder Verbote. Außerdem gibt es Leitsätze, in denen Vorschriften für das menschliche Zusammenleben aufgestellt sind. Im Christentum sind hier vor allem die Zehn Gebote zu nennen. Doch Gebote wie: »Nicht morden!«, »Zerstöre keine Ehe!«, »Beraube niemanden!« oder »Lüge nicht!« gelten auf der ganzen Welt.

Gebote sollen den Menschen helfen, gut zu leben. Wenn sie übertreten werden, wird die Ordnung in der Gemeinschaft der Gläubigen gestört und auch das Verhältnis des Einzelnen zu Gott. Schuldig wird, wer gegen das Gewissen und die Gebote verstößt, durch Tun von Schlechtem, aber auch durch Unterlassen von Gutem. Um schuldig werden zu können, muss ein Mensch allerdings in seiner Entscheidung frei sein. Auch muss er die Einsicht besitzen, dass er eine Verantwortung hat. Da die Religionen das Gewissen und die Moral ihrer Gläubigen beeinflussen, wird Schuld auch als eine Verfehlung gegen Gott angesehen. In verschiedenen Religionen gibt es daher Rituale, die von Schuld befreien.

In manchen Religionen herrschen besondere Speisevorschriften. So dürfen Juden und Muslime kein Schweinefleisch und Hindus kein Rindfleisch verzehren; die meisten Hindus sind sogar Vegetarier. Muslime und Buddhisten sollen keinen Alkohol trinken; für Buddhisten sind auch andere berauschende Stoffe nicht erlaubt. Juden dürfen sowohl Fleisch als auch Milchprodukte essen, aber nicht beides zusammen in einer Mahlzeit. Manche Christen praktizieren den Brauch, am Freitag kein Fleisch zu essen. Speisevorschriften werden von den einzelnen Gläubigen unterschiedlich streng befolgt.

Neben diesen allgemeinen Regeln kennen viele Traditionen das Fasten an einzelnen Tagen oder für längere Zeitabschnitte: Juden fasten an bestimmten Gedenktagen; dabei essen und trinken sie nichts. Muslime essen und trinken im Monat Ramadan tagsüber nichts, dürfen aber von Sonnenuntergang bis Sonnenaufgang Nahrung zu sich nehmen. Christen verzichten in der Fastenzeit vor dem Osterfest auf Genussmittel. Strenge Buddhisten fasten an mehren Tagen in der Woche und essen nach Mittag nichts mehr. Alle Religionen kennen Ausnahmen von der Pflicht des Fastens für bestimmte Personengruppen: für Alte, Kranke, Schwangere, schwer Arbeitende, Menschen in Not – und selbstverständlich für Kinder.

In manchen Religionen ist auch geregelt, wie man sich zu kleiden hat. So sollen männliche Juden eine Kopfbedeckung tragen. Im Christentum war es lange Zeit üblich, dass

Frauen in der Kirche den Kopf verhüllen mussten. Christliche Männer nehmen beim Gebet die Kopfbedeckung ab. Auch bei den Muslimen gibt es solche Regeln. Der Koran selbst drückt sich nicht ganz klar aus, doch ist es im Islam Tradition, dass die Frauen ein Kopftuch tragen.

Mythos – Wahrheit oder Unsinn?

Mit den offenen Fragen ihres Daseins haben die Menschen sich schon seit Beginn ihrer Existenz beschäftigt. Religion drückt sich, wie wir gesehen haben, in ganz praktischen Dingen aus, aber sie speist sich aus großen Ideen. Ideen aber sind oft abstrakt. Sie werden anschaulich gemacht in bildhaften Erzählungen, den Mythen.

Die andere Wahrheit

Eine Geschichte aus Afrika erzählt: Am Anfang der Welt gab es nur die Göttermutter. Sie gebar den höchsten Gott. Der schuf sich eine Frau und machte im Himmel auch die Menschen, die Tiere und die Geister. Dort lebten sie lange Zeit und vermehrten sich. Irgendwann wurde es im Himmel zu eng. Da schuf der höchste Gott die Erde: kreisrund, aus Staub, den er mit Wasser mischte. Er legte sie in den großen Sumpf, der unter dem Himmel war und noch heute die Erde umgibt. Dann machte der Gott eine lange Kette. Daran ließ er die Menschen und die Tiere auf die Erde hinunter, erst einen Mann und dann eine Frau. So machte er es mit jedem Menschenvolk, das es im Himmel gab; einem jeden gab er seinen Platz.

Diese afrikanische Erzählung erklärt, warum die Welt so ist, wie sie ist: Dass jedes Menschenvolk seinen eigenen Platz hat, ist eben kein Zufall, sondern auf göttlichen Ursprung zurückzuführen – wie alles Leben. Eine solche Geschichte nennt man »Mythos«. Der griechische Begriff bedeutet übersetzt: Wort, Erzählung, Sage oder Legende. Als einem »sakralen Text« kommt ihm die Aufgabe zu, die Welt zu erklären, zu ordnen und zu deuten. In Kulturen, die keine Schrift kennen – wie viele traditionell-afrikanische –, hat der Mythos den Status einer Urkunde: Von Generation zu Generation mündlich weitergegeben, gräbt sich der Mythos in das Bewusstsein der Menschen ein.

Völker, die über Schrift verfügen, haben ihre Mythen aufgezeichnet; sie wurden dadurch zur »Heiligen Schrift«. Auch die Bibel beginnt mit einer Schöpfungsgeschichte: »Am Anfang schuf Gott den Himmel und die Erde.« Sie fährt fort: »Die Erde war wüst und leer. Finsternis lag über dem Abgrund und der Geist Gottes schwebte über den Wassern. Da sprach Gott: Es werde Licht!« (1 Mose / Genesis 1,1–3a). Dieser Text ist rund 3000 Jahre alt. Was mag seinen Autor bewogen haben, den Beginn der Welt in Form dieser Geschichte aufzuschreiben? Wahrscheinlich eben genau das Bedürfnis zu erklären, warum alles so ist, wie es ist: Die Welt existiert, es gibt Tag und Nacht. Das kann doch nur mit dem Willen Gottes zusammenhängen; er schuf sie genau nach seinen Vorstellungen.

Jahrhunderte lang wurde diese Geschichte über die Entstehung der Welt als Tatsachenbericht gelesen und verstanden. Einzelne Zweifler hatten zwar auf offensichtliche Ungereimtheiten hingewiesen – wie konnte es am ersten Tag bereits Licht geben, wo doch Sonne und Mond noch gar nicht geschaffen waren –, doch die Lehre der Schöpfung der Welt durch Gott in sechs Tagen behauptete sich.

Das änderte sich im 18. Jahrhundert, in der Epoche der Aufklärung. Diese Geisteshaltung war durch das Vertrauen in die Vernunft geprägt, die als einzige Quelle der Erkenntnis, als Richtschnur menschlichen Handelns und Maßstab aller Werte anerkannt wurde. Die Aufklärung wirkte sich auf alle gesellschaftlichen Bereiche aus: Politik, Wirtschaft, Justiz, Erziehungswesen, Wissenschaften und Religion. Immanuel Kant bezeichnete die Aufklärung als den »Ausgang des Menschen aus seiner selbstverschuldeten Unmündigkeit«.

Zum Verständnis der großen Frage, woher alles kommt, was ist, schien die Schöpfungsgeschichte der Bibel ungeeignet. Man entlarvte sie als einen Mythos, tat sie als irrational, absurd und willkürlich ab.

Letztlich ist die afrikanische Erzählung, wonach die Menschen an einem Seil vom Himmel auf die Erde herabgelassen wurden, nicht so weit entfernt von der Schöpfungsgeschichte der Juden und Christen. Beide Texte sind Mythen. Das ist aber keineswegs ein abwertendes Urteil. Wer nämlich den Begriff Mythos als »falsche Vorstellung«, als »unzureichende Sichtweise« definiert, wird seiner Bedeutung nicht gerecht. Theologen und Religionswissenschaftler der Gegenwart interpretieren den Mythos eher als eine religiöse Grundaussage, die bildhaft veranschaulicht wird. Beim Thema Schöpfung etwa wäre die eigentliche Botschaft beider Mythen: Die Welt ist kein Zufall, sondern von Gott gewollt. Wir leben nicht im Chaos, sondern einem geordneten Kosmos. Alles hat seinen Sinn, alles ist gut, und der Mensch steht an der Spitze dieses Werkes. Freilich ist in Bezug auf den Mythos stets zu bedenken, dass er ein »sakraler Text« ist: Man kann ihn nicht mit Vernunft allein, sondern nur als glaubender Mensch recht erfassen.

Dass man einige Geschichten der Bibel nur als Mythen recht verstehen könne, setzte sich im 19. Jahrhundert bei den meisten Wissenschaftlern und gebildeten Menschen als Erkenntnis durch. Wesentlich trug dazu der britische Naturforscher Charles Darwin mit seinem 1859 veröffentlichten Buch »Vom Ursprung der Arten« bei. Darwin nahm als junger Mann an einer fünf Jahre dauernden Expedition nach Südamerika und Australien teil. Dort sammelte er Fossilien und andere Proben. Als er sie nach seiner Rückkehr analysierte, bemerkte er Ähnlichkeiten zwischen Fossilien und noch existierenden Tieren in der gleichen geografischen Region, aber auch Unterschiede zwischen Exemplaren der gleichen Art, die von verschiedenen Inseln stammten. Er entwarf seine Theorie über die Veränderung und Entwicklung – also die Evolution – der Arten. Darwin folgerte, dass die Welt nicht unveränderlich ist, sondern sich das Leben auf ihr ständig weiterentwickelt. Alle Lebewesen stammen von gemeinsamen Vorfahren ab; natürliche Auslese führt dazu, dass die am besten angepassten Individuen die meisten Nachkommen haben und schlecht angepasste verdrängt werden. Dabei entstehen neue Arten durch Verzweigung und Weiterentwicklung. Die Evolution vollzieht sich allmählich und nicht in Sprüngen.

Heftigen Widerspruch erntete Darwins Lehre damals von religiöser Seite. Juden und Christen waren überzeugt, Darwins Sichtweise sei eine Art Gotteslästerung, weil die Bibel doch ganz anders erkläre, wie alles entstand: Gott schuf die Welt in sechs Tagen!

Heute, zu Beginn des 3. Jahrtausends, scheinen diese Skrupel überwunden. Die mythologische, also bildhafte Erzählweise der Heiligen Schrift muss nicht im Gegensatz zu dem Glauben stehen, dass Gott der Ursprung von allem ist. Diese Sichtweise wollen aber nicht alle teilen.

Die Welt, in der wir leben – oder: Heute ist nicht gestern

Vor Jahren war ich in den Leistungskurs Biologie eines Gymnasiums im Bergischen Land eingeladen worden. Zu diesem Kurs gehörten zwei Schülerinnen, die Mitglied einer evangelikalen Freikirche waren und den Gedanken der Evolution für inakzeptabel hielten, weil ja die Bibel anders von der Entstehung der Welt erzählt. Die Lehrerin bat mich um Hilfe. Ich sprach über die positive Dimension des Mythos und erklärte, Wissenschaft und Religion würden eben unterschiedliche Aspekte der Wirklichkeit betrachten. Mein Bemühen blieb jedoch ohne Erfolg, die beiden Frauen bewegten sich nicht. Doch nach dem Ende der Stunde trat ein junger Mann aus dem Kurs auf mich zu, der die ganze Zeit kein Wort gesagt hatte, und fragte mich: »Habe ich Sie richtig verstanden: Ich muss diese Bibelgeschichte nicht für wahr halten und kann trotzdem an Gott glauben?« So ist es. Und oft verhindern die alten Antworten uns Heutigen den Zugang zum Glauben.

Die Haltung dieser beiden Frauen findet sich auch bei den sogenannten »Kreationisten« – nach dem lateinischen Wort für Schöpfung, *creatio*. Sie lehnen mit Verweis auf eine wörtliche Bibelauslegung die Milliarden Jahre dauernde Entwicklung des Universums ab. Eine Untergruppe der Kreationisten sind die Vertreter des sogenannten *Intelligent Design*. Sie beanspruchen, streng naturwissenschaftlich zu argumentieren, wenn sie sagen: Die Erde ist ein zu komplexes System, um einer mehr oder weniger zufälligen Evolution entstammen zu können. Dahinter muss der Plan eines »intelligenten Designers« stehen – und das ist letztlich nichts anders als christliche Schöpfungstheologie.

Vertreter des Kreationismus engagieren sich in den USA auch politisch. Sie streben an, dass im Biologieunterricht der

Schulen die biblische Schöpfungsgeschichte gleichberechtigt mit der Evolutionstheorie gelehrt wird – wenn sie nicht sogar fordern, die Evolutionstheorie ganz aus den Schulen zu verbannen.

Auf der einen Seite stand und steht also eine religiös begründete Abwehr der Ansicht, im christlichen Glauben gebe es Mythen. Auf der anderen Seite stand eine religiös begründete Aufklärung: Das Meiste im Glaubensgut der Christen beruhe auf einem Mythos, meinte Rudolf Bultmann, ein evangelischer Theologieprofessor aus Marburg. 1941 verkündete er in einem Vortrag sein Programm der »Entmythologisierung« des Neuen Testaments. Man warf Bultmann damals vor, er zerstöre die Grundlagen der Kirche und ihrer Bekenntnisse. Vielleicht aber, so könnte man heute fragen, hat er manches auch gerettet?

Mythologische Vorstellungs- und Ausdrucksformen bestimmen die Texte der Bibel. Da ist die Rede von Höllen- und Himmelfahrten, da glaubt man an Dämonen und Geister, da wird eine kosmische Katastrophe erwartet und auf Wunder gehofft. Der Mensch der Neuzeit ist von der Wissenschaft geprägt; ihm ist diese Vorstellungswelt weitgehend fremd. Bleibt ihm – wenn er religiös ist – nur blinder Glauben?

Rudolf Bultmanns Ausweg lief nicht darauf hinaus, die mythologischen Passagen der Bibel zu streichen, sondern sie zu befragen, was sie eigentlich aussagen wollen. Nur wenn man die antiken Bilder entschlüssele, könnten sie vom modernen Menschen gehört und verstanden werden, meinte er. Ein Beispiel: Worauf kommt es den Christen an, wenn sie Ostern feiern? Auf den Glauben, dass der Leib von Jesus, am Kreuz gemartert, durch den Tod zum Leichnam geworden, nach drei Tagen im Grab schließlich wieder biologisch funktionierte, sodass Jesus gehen, sprechen und essen konnte? Wir Menschen liegen Gott am Herzen, und deswegen geht die Sache Jesu weiter. Davon können wir allerdings nur bildhaft erzählen.

Zum Verständnis des Phänomens Religion ist die Komponente der Historie von erheblicher Bedeutung. Nicht nur Menschen, Baudenkmale oder Länder haben eine Geschichte und sind von den historischen Gegebenheiten geprägt; das gilt auch für die Religionen.

Die großen Religionsstifter wie Zoroaster, Buddha, Jesus oder Mohammed lebten in einer konkreten Umgebung in einem bestimmten Zeitalter. Ihre Lehren werden aber heute in anderen Kulturkreisen unter völlig anderen Bedingungen umgesetzt. Ob sich dabei die Gläubigen immer zu Recht auf ihren Stifter berufen können, sei dahingestellt. Man spricht von der Wirkungsgeschichte einer Idee, das heißt, keiner kann endgültig beurteilen, wie sie »wirklich« gemeint war. (Ein religiöser Absolutheitsanspruch entbehrt nicht der Komik.) Wir beobachten heute, was wirklich aus der Idee geworden ist.

Geschichtlich bedingt ist auch die Struktur einer Gesellschaft, was Auswirkungen auf die Religion hat. Die Abhängigkeit von Gesellschaftsformen und Religionsformen ist auch durch die Gottesvorstellungen geprägt. Irdische Herrschaftshierarchien wurden auf die Götterwelt projiziert und umgekehrt: der irdische König machte seinen Hofstaat zum Abbild des Himmels. Mitunter wurde gar der König als Erscheinungsform eines Gottes angesehen, wie der Pharao in Ägypten oder der Tenno in Japan. Kulturen mit frühen demokratischen Ansätzen – wie Griechenland oder Rom – entwickelten umfangreiche Götterfamilien.

Wie aber wirken sich diese theologischen Spekulationen auf das Leben der Menschen aus? Oder andersherum gefragt:

Hat die Form der gesellschaftlichen Ordnung Einfluss auf den Glauben? – Der Psychoanalytiker Erich Fromm bejaht das. Seine Untersuchungen haben ergeben: »Was die Menschen denken und fühlen, hat seine Wurzeln in ihrer Charakterstruktur, und dieser Charakter wird geprägt durch die gesamte Struktur ihrer Lebenspraxis – genauer gesagt, durch die sozio-ökonomische und politische Struktur ihrer Gesellschaft. In Gesellschaftsformen, wo eine Minorität die Macht in Händen und die Massen in Unterwerfung hält, wird das Individuum so von Furcht erfüllt sein, so unfähig, sich stark und unabhängig zu fühlen, daß seine religiöse Erfahrung autoritärer Natur sein wird. Ob er einen strafenden, ehrfurchtgebietenden Gott anbetet, oder einen Führer solcher Prägung, spielt dabei fast keine Rolle. Wo sich hingegen das Individuum frei und für sein eigenes Schicksal verantwortlich fühlt oder innerhalb einer Minorität für Freiheit und Unabhängigkeit kämpft, entwickelt sich eine Erfahrung humanistischer Art.«

In welcher Form sich eine Religion darstellt, wird grundlegend davon beeinflusst, ob ihr alle Mitglieder einer Gruppe angehören (z. B. Siedlung oder Staat) oder ob sie sich in einer pluralistischen Umgebung behaupten muss. Im ersten Fall kann sie detailliert ins Leben der Gläubigen eingreifen; sie wird nicht infrage gestellt, denn es gibt sozusagen keine Menschen, die außerhalb der Glaubensgemeinschaft stehen und sie hinterfragen könnten. Im letzten Fall sieht eine Religion sich gezwungen, sich abzugrenzen, zu definieren, ihre Vorteile herauszustreichen, weil sie in Konkurrenz gerät zu anderen sinnstiftenden Gemeinschaften und Theorien. Oft schwankt sie dann zwischen Abkapselung des »heiligen Restes der wahren Frommen« und Assimilation, also dem Angleichen an die Umwelt bis zum Aufgehen in ihr.

Die Vorstellung, dass der Beginn der Welt auf die Initiative einer heiligen, außerweltlichen Macht zurückgeht, ist in vielen Kulturen verbreitet und findet ihren Niederschlag oft in Erzählungen, den Schöpfungsmythen. Ob die Erde nun aber allein aufgrund eines göttlichen Befehls entstand, ob sie aus Sperma oder Schlamm gebildet wurde, die Botschaft der verschiedensten Schöpfungsmythen ist doch immer die gleiche: Der Anfang des Seins beruht nicht auf einem Zufall.

Hat eine göttliche Macht die Welt geschaffen und sich dann daraus zurückgezogen? Oder wirkt sie dauernd hinein in das, was sie geschaffen hat? Sind Schöpfer und Geschöpfe streng verschieden (wie Ton und Töpfer) oder letztlich eins?

Geologische und archäologische Erkenntnisse legen nahe, dass die Erde nicht innerhalb von sechs Tagen entstanden sein kann. Wenn aber nicht Gott die Welt erschaffen hat – wie war es dann? Hat Gott länger gebraucht? Oder war ein anderer am Werk? Wie ist die Welt entstanden?

Das durch die Jahrhunderte angehäufte umfangreiche Wissen über die Entstehung unseres Planeten kann letztlich auch Glaubenssache sein – aber die Betrachtung wird schief, wenn man die Wissenschaft mit einem Überzeugungssystem wie der Religion gleichstellt. Es sind unterschiedliche Perspektiven auf die Welt. Dabei müssen selbst naturwissenschaftliche Vorstellungen und Modelle wie etwa die des Urknalls, aus dem sich das Universum entwickelte, nicht zwangsläufig religiösen Dogmen im Wege stehen. Die biblische Schöpfungsgeschichte beispielsweise enthält, von ihren Mythen befreit und auf ihren Kern reduziert, die Botschaft: Gott ist die Ursache allen Seins.

Wenn Mythen als selbstverständliche Grundlage des Denkens dienen, erzeugen sie Sicherheit. Sobald sie, die eigentlich aus dem Zweifel, aus einer grundsätzlichen Frage des

Menschen entstanden sind, jedoch in Zweifel gezogen werden, gerät das ganze Gefüge ins Wanken.

Auf dieses glatte Terrain wagte sich einst der Italiener Galileo Galilei. Und er hat am eigenen Leib erfahren, was es heißt, die falschen Fragen zu stellen und aus Sicht der Institution Kirche die falschen Zweifel zu äußern.

Galilei lebte von 1564 bis 1642 und begründete die moderne, auf Experiment und Erfahrung beruhende Physik. Er bewirkte eine wissenschaftliche Revolution, indem er das Weltbild von Nikolaus Kopernikus weiterentwickelte. Seit Aristoteles hatte man angenommen, dass die Erde der Mittelpunkt der Welt sei und von den anderen Himmelskörpern umkreist werde. Nikolaus Kopernikus führte im 16. Jahrhundert astronomische Beobachtungen durch und erklärte die Sonne zum Zentrum der Welt. Man spricht daher von der »kopernikanischen Wende«; sie bezeichnet den Wechsel von einem Weltbild, in dem die Erde im Mittelpunkt steht, zu einem Weltbild, in dem die Erde um die Sonne kreist.

Die Auffassung, die Sonne sei Mittelpunkt des Universums, wurde nach der kirchlichen Lehre im philosophischen Sinne als absurd und im religiösen Sinne als Ketzerei verworfen. Man verbot Galilei, das neue Weltbild schriftlich oder mündlich, als Buch und in der Lehre vor seinen Studenten, zu vertreten. Da er jedoch in weiteren Schriften seine Ansicht bekräftigte, wurde er nach Rom vor die Inquisition geladen. Es kam zum Prozess, bei dem der Siebzigjährige schließlich widerrief. Der vielzitierte trotzige Ausspruch: »Und sie bewegt sich doch!«, den Galilei danach getan haben soll, stammt aus der Zeit der Aufklärung und ist wohl Legende. Erst 1992 rehabilitierte der Vatikan Galilei. Heute mögen wir über die Befürchtungen von damals lächeln: nicht im Mittelpunkt des Universums zu leben, sondern nur auf einem Planeten der Sonne – das schmerzt uns schon lange nicht mehr.

Noah und die »Sündflut«

Noch einmal zurück zur Bibel: Schon vor Jahrtausenden erzählte man sich die Geschichte von Noah. Sie gehört zu den bekanntesten der Bibel. Danach ist bereits in der zehnten Generation nach Adam das Menschengeschlecht so verkommen, dass Gott beschließt, es wieder zu beseitigen. Er spricht: »Es reut mich, dass ich sie gemacht habe.« Gott erwählt Noah zum Retter derer, die der Vernichtung entgehen sollen.

Noah soll eine Arche bauen, für die es genaue Anweisungen gibt. Sogar die Maße sind vorgeschrieben, umgerechnet etwa 150 Meter Länge und 25 Meter Breite. Drei Stockwerke soll das Schiff haben, oben ein Fenster und an der Seite eine Tür. Außer seiner Familie hat Noah von jeder Landtier- und Vogelart je ein Paar auf die Arche zu schaffen. Die Flut kommt. Nur, wer auf der Arche ist, überlebt. Als das Wasser abfließt, setzt das Schiff auf dem Berg Ararat auf. Noah bringt ein Opfer dar; daraufhin schließt Gott mit den Menschen einen Bund und verspricht, nie wieder die Erde zu verfluchen. Zum Zeichen dieses neuen Bundes leuchtet am Himmel der Regenbogen. Noah wird zum »Stammvater der neuen Menschheit«.

Handelt es sich bei der Noaherzählung um ein historisches Ereignis oder um einen Mythos? Wissenschaftliche Versuche, ein globales Hochwasser im Lauf der Menschheitsgeschichte nachzuweisen, blieben bisher ohne Erfolg. Möglicherweise deuteten die biblischen Autoren ein lokales

Ereignis als Weltereignis. Wer sich an die Bilder der verheerende Tsunamikatastrophe im Dezember 2004 erinnert, kann sich das vorstellen: Sollte Ähnliches vor ein paar tausend Jahren geschehen sein, muss das den Menschen dieser Zeit wie der Weltuntergang vorgekommen sein.

Die Bibel spricht von der »Sintflut«, was übersetzt »große Flut« meint. Interpretiert wurde sie als »Sündflut«, als Strafe für die sündige Menschheit. Angemessen verstanden werden kann die Sintflut nur als Glaubensgeschichte: Gottes Wirken – das Gericht wie die Rettung – zielt auf das Heil des Menschen.

Historie oder Mythos? Wahrscheinlich begründete ein reales Ereignis diesen Mythos, der aber mehr ist, als die Verarbeitung einer konkreten Erfahrung. Der Psychologe Carl Gustav Jung war überzeugt, Mythen seien Ausdruck eines kollektiven Unbewussten. In jedem Menschen seien bestimmte Urbilder des Lebens verankert, Glücksfantasien ebenso wie Daseinsängste.

König Gilgamesch

Die Sintflutgeschichte erzählte demnach die Furcht des Menschen vor der Vernichtung des Lebens, aber auch die Sehnsucht nach immerwährendem Bestand des Heils. Eine in diesem Sinn idealtypische Figur der Mythologie ist Gilgamesch, ein sagenhafter sumerischer König, der um 2700 vor der Zeitenwende in Uruk, im heutigen Irak, gelebt haben soll. Dort herrschte er mit starker Hand – und das nicht nur über seine Untertanen. Der Mythos berichtet, Gilgamesch habe es auch mit Riesen und Ungeheuern aufgenommen. Sein Name bedeutet: »Der Alte ist ein junger Mann«. So ist Gilgamesch zu zwei Dritteln Gott und zu einem Drittel Mensch. Aus Angst vor dem Tod zieht er aus, um das Geheimnis der Unsterblichkeit zu finden. Seine Geschichte, das Gilgamesch-Epos, zählt zu den ältesten Sagen der Menschheit und nimmt die Urthemen aller Literatur vorweg: Was ist das Ich, die Liebe, der Tod, die Macht und die Naturgewalt?

Gilgamesch macht sich auf die Suche nach Utnapischtim (in der Bibel später die Gestalt des Noah), der die Sintflut überlebte. Nach vielen Abenteuern entdeckt er den Patriarchen. Der zeigt ihm, wie er eine magische Rose finden kann, die ewiges Leben verspricht. Die Blume wird Gilgamesch jedoch von der Schlange gestohlen, die sich seither häuten und so erneuern kann. Schließlich trifft Gilgamesch auf die große Göttin, eine Schankwirtin. Sie offenbart ihm die Wahrheit: Die missgünstigen Götter haben nämlich alle Menschen zum Sterben verurteilt. Er soll seine Suche nach Unsterblichkeit aufgeben, stattdessen lieber heimkehren und dort das Schöne am Dasein auf Erden genießen, solange er kann.

Viele Interpretationen sehen in der Sage die Darstellung der Grundprobleme unserer Existenz: Das Ringen mit den Naturgewalten; die gesellschaftlichen Machtkämpfe; Sexualität und Liebe als Ausdruck und zugleich Überwindung der rohen Triebe; die Mühe, den Tod als Teil des Lebens zu akzeptieren; immer wieder das Stoßen an die eigenen Grenzen. Psychologische Deutungen halten die Geschichte für eine Darstellung des Weges zum Bewusstsein des Selbst. Bis heute fasziniert der Mythos von Gilgamesch als Ausdruck des menschlichen Willens, sein Schicksal verstehen zu wollen.

Aktuell bis in die Gegenwart ist jener viertausend Jahre alte Rat, den die Schankwirtin im Epos Gilgamesch gibt:

Gilgamesch, wohin läufst du?
Das Leben, das du suchst, wirst du sicher nicht finden!
Als die Götter die Menschheit erschufen,
teilten den Tod sie der Menschheit zu,
nahmen das Leben für sich in die Hand.
Du, Gilgamesch – dein Bauch sei voll,
ergötzen magst du dich Tag und Nacht!
Feiere täglich ein Freudenfest!
Tanz und spiel bei Tag und Nacht!
Deine Kleidung sei rein, gewaschen dein Haupt,
mit Wasser sollst du gebadet sein!
Schau, den Kleinen an deiner Hand,
die Gattin freu' sich auf deinem Schoß!
Solcher Art ist das Werk der Menschen!

Orpheus, Euridike und Co.

Ein Mythos aus Griechenland erzählt: Keiner konnte singen wie
Orpheus! Die Gabe des Gesangs hatte er von seiner Mutter Kal-
liope, der Muse der Dichtkunst, geerbt. Gott Apollo lehrte ihn
das Spiel auf der Lyra. Menschen und Tiere wurden durch seine
Musik in Bann gezogen. Die dramatische Geschichte von
Orpheus war in der antiken Welt allgemein bekannt: Nach dem
Tod seiner geliebten Frau Eurydike stieg er in die Unterwelt
hinab, um seine Gattin von dort wieder ins Leben zurückzuho-
len. Dies gelang ihm – durch die Macht seiner Musik! Nur eine
Bedingung musste er erfüllen: Auf dem langen Rückweg nach
oben durfte er sich nicht nach Eurydike umblicken. Er tat es
doch – und so verlor er sie zum zweiten Mal.
    Der Stoff dieses Mythos war nicht nur in der Antike
geläufig, das Motiv wird bis in die Gegenwart in Bildender

Kunst, Literatur, Musik und Film immer wieder aufgegriffen und nacherzählt. So stehen noch Jahrtausende später die Namen »Orpheus und Eurydike« für ein großes Liebespaar.

Der Name Sisyphos dagegen steht für einen Menschen, der von den Göttern dazu verurteilt wurde, in der Unterwelt unablässig einen Felsblock einen Berg hinauf zu wälzen. Von dessen Gipfel rollt der Stein jedoch immer wieder herunter, und die fruchtlose Mühe – die »Sisyphusarbeit« – beginnt von Neuem.

Götternamen standen einst für Inhalte: Die Göttin Fortuna bringt Glück, Amor die Liebe und Bacchus den Wein. So konnten diese Namen auch bei uns in den allgemeinen Gebrauch übergehen: Fortuna soll dem Lotteriespieler gewogen sein, Amors Pfeil trifft, wenn man sich verliebt, und Bacchus ziert manches Weinetikett.

Ein selbstverständlicher Gebrauch mythologischer Bilder war möglich, solange allen Beteiligten die verwendeten Bilder auch vertraut waren. Diese Vertrautheit ist in unserer Gesellschaft nicht nur für die antiken Mythen verlorengegangen, sondern auch für die christlichen, die lange unsere Kultur beeinflussten. An die Weihnachtsgeschichte erinnern sich noch viele, aber was erzählt das Neue Testament von der Himmelfahrt Christi, und was war an Pfingsten?

Der allgemeine Glaubensschwund zieht auch den Verlust eines allgemeinen Bildrepertoires nach sich, das früher von der Religion zur Verfügung gestellt wurde: Thomas war der Zweifler, Judas der Verräter und Veronika die mitleidende Frau am Rand des Passionsweges, das wusste »man«. Einst war die Lebensgeschichte des Jesus von Nazaret Allgemeingut. Jeder war mit ihr vertraut. Auch Menschen, die einander fremd waren, konnten über Jesus sprechen wie über einen gemeinsamen Bekannten. Diese Urbilder des Glaubens verbinden heute nicht mehr das gesamte Volk, sondern nur noch einzelne Untergruppen wie die Kirchgänger.

Mythen leisten jedoch einen Dienst: etwa, das Dasein zu interpretieren und die Gemeinschaft der Menschen zu festigen. Durch den Wegfall der religiösen Mythen entstand eine Art Vakuum, in das andere Stoffe drängten: Erzählungen und Filme, die ihren eigenen »Kult« begründeten, wie »Der Herr der Ringe«, »Krieg der Sterne«, oder die »Harry-Potter«-Romane. Ihre Fans bilden eine neue Kommunikationsgemeinschaft, sie sind mit den Schicksalen der Figuren vertraut und mit deren besonderer Sprache.

American Dream und die Spinne in der Yuccapalme

Parallel zu den Mythen des Glaubens haben sich säkulare Mythen entwickelt. Berühmt ist der sogenannte *American Dream*: Danach soll es in den Vereinigten Staaten möglich sein, durch Fleiß und Beharrlichkeit ein großes Ziel zu erreichen. Verkürzt ausgedrückt: Hier ist es möglich, »vom Tellerwäscher zum Millionär« zu werden. Natürlich wissen wir, dass das nicht für jeden Menschen in Erfüllung gehen kann, doch der Mythos kann seine Attraktivität gegen alle augenscheinlichen Gegenbeweise bewahren.

Um heutzutage den Problemen der Arbeitslosigkeit und unsicheren Sozialsysteme beizukommen, wird wie eh und je der Mythos vom Wachstum bemüht und der Mythos des Fortschritts lässt Menschen hoffen, alles werde sich in Zukunft regeln lassen.

Manches wird auch mit dem Prädikat »Mythos« gekennzeichnet, was ihn kaum verdient: Marlene Dietrich sei einer gewesen oder Präsident Kennedy – zweifellos herausragende

Persönlichkeiten, doch der Begriff »Mythos« meint hier wohl kaum mehr als das Eingeständnis, diese Leute nicht ganz durchschaut zu haben.

Neben diesen harmlosen Mythen hat die Neuzeit auch gefährliche hervorgebracht. In Afrika beispielsweise, wo in manchen Gebieten ein Drittel der Bevölkerung an der Immunschwächekrankheit AIDS leidet, sind viele Männer überzeugt, der sexuelle Verkehr mit einer Jungfrau würde heilend wirken. Dieser Aberglaube hat zu schrecklichen Vergewaltigungen von jungen Mädchen geführt, die dabei mit AIDS angesteckt wurden. Hier bedarf es der radikalen Aufklärung, damit dieser Mythos nicht länger weitergegeben wird.

Schließlich die sogenannten »Mythen der Gegenwart«. Diese Geschichte hat wohl jeder irgendwann einmal gehört: Eine Frau mit einem Hut auf dem Kopf wird plötzlich in der Kassenschlange des Supermarktes ohnmächtig. Sie stürzt zu Boden und aus dem Hut kullert ein tiefgekühltes Hähnchen. Sie gehört zu den modernen Wandersagen, den *urban legends*, den »Stadtlegenden«, wie die Volkskundler sie nennen. Da wird Skurriles und Verschrobenes erzählt, mal heiter, mal grausig. Etwa die Geschichte von der Frau, die einen mobilen Blitzer der Polizei mitnimmt im Glauben, es handle sich dabei um einen defekten Ofen, den jemand für den Sperrmüll an die Straße gestellt hat. Oder die von der Oma, die im Auslandsurlaub verstirbt. Um Schwierigkeiten an der Grenze zu vermeiden, versteckt man bei der Rückreise den Leichnam im Kofferraum. Alles geht gut, doch hinter der Grenze, als die Familie einen Kaffee trinken geht, wird das Auto gestohlen.

Das Besondere an all diesen Geschichten ist, dass sie nicht als Vorfall mit irgendwelchen Unbekannten weitergegeben werden, sondern als Erlebnis aus dem eigenen Umkreis: Man erfährt in der Regel, dies sei so dem Bruder eines Freundes, der Nachbarin der Mutter oder der Bekannten eines Kollegen passiert.

Etwa die Begebenheit mit der Spinne in der Yuccapalme: Beim Gießen habe es so eigenartig geknattert, dann sei eine ganze Invasion giftiger Spinnen aus der Pflanze ausgebrochen. In einer Variante soll eine Frau eine Beule am Kopf aufgekratzt haben – und lauter kleine Fliegen seien hervorgekommen.

Einige dieser modernen Sagen ähneln den Mythen. Und wenn Mythen einen Sinn haben, etwas erklären wollen, welchen Sinn haben dann diese Erzählungen? Für den Volkskundler Brednich sind die Alltagsmythen Ausdruck einer nicht eingestandenen Verunsicherung. Die modernen Sagen versuchen bildhaft wie ihre großen Vorgänger, das Erlebte zu bewerten und zu deuten. Mag sein, dass einige der Erzählungen einen wahren Kern bergen. Interessant ist aber vor allem die Aneignung durch diejenigen, die sie weitererzählen: Sie entdecken in der Geschichte einen Beweis für die eigene Weltsicht, ganz gleich, ob es sich nun um die Schlechtigkeit, die Güte oder den Wahnsinn unserer irdischen Existenz handelt.

Für Sigmund Freud, den Begründer der Psychoanalyse, drückt sich im Mythos ebenso wie im Traum letztlich – auch wenn er bisweilen absurd, unrealistisch und willkürlich erscheint – die Suche nach Ordnung und Logik aus. Der Mythos ist ein Phänomen, das sich über alle Epochen und Regionen nachweisen lässt. Nur als universelle Erscheinung kann der Mythos für den Einzelnen seine befreiende Wirkung entfalten, nämlich tiefste Empfindungen in Bildern auszudrücken.

Warum Gott keinen Bart hat – oder: Was ist Theologie?

Wenn Menschen sich ihren eigenen Glauben »zusammenstellen«, dann bedienen sie sich oft nicht nur in anderen religiösen Traditionen, sondern schauen auch danach, welches Gottesbild ihnen nah ist, wie sie selbst Gott begreifen bzw. welches Gottesbild für sie in ihrem Leben hilfreich ist.

Wer an einen Gott glaubt, macht sich irgendein Bild von ihm. Er formuliert Aussagen über ihn – er betreibt in diesem Sinn »Theologie«. Das Wort bedeutet übersetzt »Lehre von Gott«. Die theologischen Ansätze im Christentum sind vielschichtig, nicht nur innerhalb der Konfessionen und hier vor allem im evangelischen Christentum, das im Gegensatz zur katholischen Kirche kein strenges Lehramt kennt, sondern auch in Hinblick auf die verschiedenen geschichtlichen Epochen. Jede Zeit versucht zu begreifen, was unter »Gott« zu verstehen ist. Wenn auch alle theologischen Äußerungen vorläufig sind, so haben manche doch allgemeine Anerkennung gefunden und sich als verbindlich durchgesetzt. Das sind die sogenannten Dogmen, die Glaubensgrundsätze.

Verschiedene Theologien – ein Gott

Das zentrale Dogma des Christentums lautet: Jesus von Nazaret ist der Sohn Gottes. Er ist der Messias, der Christus. Für ihn fand man in der Geschichte immer neue Bilder. Die frühen Christen sahen in ihm den guten Hirten, der seiner Herde vorangeht. Später stellte man ihn als Herrscher der Welt dar. Im Spätmittelalter zeigte man Christus mit Kreuzigungswunden als den Schmerzensmann, der das Leiden der Menschen teilt.

Theologie ist, wie schon erwähnt, dem Wandel der Zeiten unterworfen und daher finden zeitgenössische Geistesströmungen auch im theologischen Denken ihren Widerhall. So entwickelte sich nach der Niederlage des Ersten Weltkriegs, die für den national- und fortschrittsorientierten Protestantismus schwer zu verkraften war, die sogenannte Dialektische Theologie: Danach herrscht eine unüberwindliche Spannung zwischen dem jenseitigen und souveränen Gott einerseits und dem diesseitigen und relativen Menschen andererseits.

In den Sechzigerjahren des zwanzigsten Jahrhunderts versuchte die »Gott-ist-tot-Theologie« dem Gefühl der Abwesenheit Gottes Ausdruck zu verleihen. Die Kölner Theologin Dorothee Sölle beispielsweise interpretierte »Christus als mitmenschliches Ereignis«. Dagegen begreift die »Befreiungstheologie« Christus als politischen Faktor: Im Elend Südamerikas entwickelt, bindet diese Lehre von Gott die religiöse Befreiung des Menschen an seine irdische, also an eine verbesserte Lebenssituation schon hier und jetzt.

Das Ziel der »feministischen Theologie« ist das der weiblichen Emanzipation. Sie will ins Bewusstsein holen, dass Gott weder Mann noch Frau ist, auch wenn in der Kirche über Jahrhunderte hinweg Männer den christlichen Glauben geprägt haben. Die feministische Theologie ergänzt beziehungsweise korrigiert die männliche Gotteslehre. Sie untersucht vor allem, welche Rolle Frauen in der Bibel, der Kirche und der Gesellschaft zukommt. Sie will die »weibliche Seite« Gottes deutlich machen und die Sichtweisen und Anliegen von Frauen zur Geltung bringen.

Man hat Christus im Lauf der Zeit jedoch auch schon als »Clown« oder als »neuen Mann« gedeutet. Heute wird er in der Christenheit als Bruder der Glaubenden verstanden, als Freund, als Begleiter auf dem Weg zu Gott. Und selbstverständlich zeigt man ihn auch noch in den alten Bildern: als Herr, König, Diener, Lehrer, als Retter und Heiland.

So viele Theologien – so viele verschiedene Sichtweisen auf Gott. Wäre nicht ein Verzicht auf alle Gottesbilder die beste Lösung? Doch wer glaubt, dass es Gott gibt, der kommt ohne Bilder nicht aus. Das sehen wir bereits in der Bibel. Sie verwendet sehr unterschiedliche Bilder von Gott, spricht von ihm als Hirte, Quelle, Schatten, Burg, Mutter, Freund, Schirm, Arzt, Sonne oder Brunnen. Ein besonderes Beispiel ist die Geschichte, wie der Prophet Elia auf seine Begegnung mit Gott wartet. Im ersten Buch der Könige, Kapitel 19, Vers 11–13a, wird sein Erscheinen folgendermaßen beschrieben: »Da sprach er: Geh hinaus und tritt auf dem Berg vor den Herrn hin! Da zog der Herr vorüber. Ein gewaltiger, heftiger Sturm, der Berge zersprengt und Felsen spaltet, ging vor dem Herrn her; aber der Herr war nicht im Sturm. Nach dem Sturm kam ein Erdbeben; aber der Herr war nicht im Erdbeben. Nach dem Erdbeben kam Feuer; aber der Herr war nicht im Feuer. Nach dem Feuer kam ein leises, sanftes Säuseln. Als Elija das vernahm, verhüllte er sein Gesicht mit seinem Mantel, ging hinaus und trat an den Eingang der Höhle.«

Ein Gottesbild, das viele Generationen von Gläubigen geprägt hat, ist das vom alten Mann mit weißem Bart. Doch das ist heute für viele beinahe zu einem Feindbild mutiert, mit dem sie nichts mehr anfangen können. Der russische Dichter Leo Tolstoi tröstete einmal jene, denen ihre traditionellen Gottesbilder fremd geworden sind. Er sagte: »Wenn du nicht mehr an den Gott glaubst, an den du früher glaubtest, so rührt das daher, dass in deinem Glauben etwas verkehrt war, und du musst dich bemühen, besser zu begreifen, was du Gott nennst. Wenn einer aufhört, an einen hölzernen Gott zu glauben, heißt das nicht, dass es keinen Gott gibt, sondern nur, dass er nicht aus Holz ist.«

Der Missionswissenschaftler Heribert Bettscheider stellte die These auf, dass man von Gott nicht wissen könne, wie er ist, »sondern man kann nur eine existenzielle Erfahrung Gottes haben, die sich in verschiedenen geschichtlichen Phänomenen äußert«. Die Erfahrung Gottes, so Bettscheider, sei für die Menschen normalerweise dieselbe, nur die menschliche Darstellung dieser Erfahrung sei verschieden. Dieselbe Erfahrung äußere sich also in verschiedenen Phänomenen und diese würden durch die religiösen Traditionen bestimmt. Anders gesagt: Die Gläubigen erfahren immer den gleichen Gott, aber sie drücken ihren Glauben in unterschiedlichen Bildern aus.

Allmächtiger Gott?

Das Christentum gründet auf dem Glauben an den einen Gott. Dieser eine Gott wird als eine unendliche und überweltliche Macht verstanden, die Züge einer »Person« trägt, nämlich über Willen, Gefühle und Vernunft verfügt. Das christliche Gottesbild ist ein sehr menschliches. Da hat Gott Augen – er kann uns sehen. Er hat Ohren – er hört die Gebete. Er hat ein Herz – er fühlt mit seinen Geschöpfen. Er hat Hände – er greift in den Lauf der Welt ein. Das sind jedoch alles nur Bilder. Sie können das Glauben erleichtern, weil man nicht einem abstrakten Gedanken vertraut. Sie können Glauben aber auch erschweren, weil sie letztlich naiv sind.

Der Gott, an den die Christen glauben, ist allmächtig und allwissend. Nach ihrem Verständnis hat er die Welt erschaffen und nimmt Anteil an ihrem Lauf, indem er in den Gang der Geschichte hineinwirkt. Dieser Gott, so vertrauen die Christen, wünscht das Heil der Menschen, deren Ziel es ist, zu ihm zu kommen. Zum christlichen Gottesbild gehört die Gleichsetzung Gottes mit der Liebe: »Gott ist Liebe, und wer in der Liebe bleibt, der bleibt in Gott, und Gott bleibt in ihm«, heißt es im Neuen Testament (1 Johannesbrief 4,16b).

Nicht erst der Schriftsteller Wolfgang Borchert tat sich mit diesem Gottesbild vom »lieben Gott« schwer. Der Dichter, der die Schrecken des Weltkrieges eindrücklich literarisch beschrieben hat, fragte einmal provozierend wie in einem Gebet: »Oh, wir haben dich gesucht, Gott, in jeder Ruine, in jedem Granattrichter, in jeder Nacht. Wir haben dich gerufen. Gott! Wir haben nach dir gebrüllt, geweint, geflucht! Wo warst du da, lieber Gott?«

Hatte denn die Enttäuschung, dass Gott in der Not nicht half, mit einem falschen Gottesbild zu tun?

John Spong war anglikanischer Bischof in den Vereinigten Staaten. Der 1931 geborene Priester kam zu folgendem Schluss: »Ich glaube nicht mehr, dass Gott im menschlichen Leben in den normalen Ablauf von Ursache und Wirkung eingreift. ... Ich glaube nicht mehr, dass meine Gebete den Verlauf einer Krankheit oder den Weg eines Hurrikans verändern. ... Ich glaube nicht mehr an einen Gott, der einer Nation helfen kann, einen Krieg zu gewinnen.« Man beachte: Spong sagt nicht, er habe den Glauben an Gott ganz aufgegeben. Aber die traditionellen Bilder von einem Gott, der mit den Seinen kämpft und den Lauf der Welt verändert, scheinen für ihn nicht mehr zu passen.

Als normal scheint das der katholische Theologe Edward Schillebeeckx anzusehen. Sein Vertrauen drückt er so aus: »Gott allein ist absolut, nicht die Religionen und ihre geschichtlichen Formen.« Der belgische Theologe stellt fest, dass jeder Blick der Menschen auf das wahrhaft Absolute von einem geschichtlichen Standpunkt aus geschehe und folglich eine bestimmte Sichtweise habe. Schillebeeckx' Schlussfolgerung: »Auch deswegen wird der religiöse Glaube unweigerlich vom Zweifel und von der Suche begleitet.«

Weder Frau noch Mann

Welche »Gottesbilder« prägen den christlichen Glauben heute? Gott wird im Christentum oft mit dem Bild des »Vaters« umschrieben. Vor dem Hintergrund der Welt von heute Gott »Vater« zu nennen, ist nicht unproblematisch; bereits 1963 sah der Sozialpsychologe Alexander Mitscherlich Deutschland »auf dem Weg in die vaterlose Gesellschaft«.

In der Geschichte des christlichen Glaubens wurden Gott viele Titel gegeben. »Herr« oder »König« sollen dabei die herrschenden Eigenschaften Gottes ausdrücken, »Richter« und »Retter« die erziehenden, »Hirte« und »Schöpfer« schließlich seine fürsorglichen Seiten. Autorität, Pädagogik und liebevolle Zuwendung finden ihren Ausdruck in der Zusammenfassung »Vater« – zwischen einem unberechenbaren Willkürgott und einem sentimental-harmlosen »lieben Gott«.

Die jüdische Tradition hat sich zunächst mit dem Vatertitel schwergetan. Für die außerisraelischen Völker waren die Götter nämlich Väter im geschlechtlichen Sinn. Sie zeugten Nachkommen und vermehrten so die Göttlichkeit. Davon musste sich Israel, das nur an einen einzigen Gott glaubte, abgrenzen. Nach der einschneidenden Glaubenserfahrung des Auszugs aus Ägypten allerdings nannte sich das Volk Israel selbst »Sohn Gottes«, Erstgeborener. Später bekam auch der König diesen Ehrentitel. Und wo ein Sohn ist, da muss es einen Vater geben. In den Schriften der Bibel finden sich Belege für die Titulierung Gottes als Vater. In der Liturgie der Synagoge taucht die Formulierung »unser Vater« als Gebetsruf auf. Die Anrede Gottes als Vater ist also nicht spezifisch christlich. Für die Verhältnisse seiner Zeit war aber das Wort »Abba« aus dem Mund Jesu von Nazaret unerhört neu, für Konservative geradezu empörend. Es bedeutet nicht nur »Vater«, sondern noch vertrauter »Väterchen«, »Papa«. Diese Intimität hatte bis dahin keine Parallele. Gott wurde sonst ehrfürchtig mit *Adonai*, mein Herr, oder »Ewiger« angesprochen; im Begriff »Vater« drückt sich eine einzigartige Beziehung aus: Wenn Jesus der Christus ist, dann ist er der Sohn Gottes und folglich Gott sein Vater. Wenn Menschen diesem Christus gleichgestaltet sind, seine Schwestern und Brüder also, dann ist Gott der Vater aller: jedes Einzelnen und der ganzen Gemeinschaft.

Das Sprechen von Gott als Vater ist eine analoge Aussage; man müsste also eher »wie ein Vater« sagen. Auch wenn es der Verkündigung gelingt, von Gott als einem guten Vater zu sprechen – im Gegensatz zu vielen real existierenden zeitgenössisch-irdischen Vätern –, so muss sie sich bewusst sein, dass sie mit Metaphern arbeitet, mit sprachlichen Bildern. Überstrapaziert man das Vaterbild nämlich, dann wird Gott zu sehr vom Menschen her interpretiert. Das führt am Ende zu einer Geschlechtsidentifikation Gottes mit dem Männlichen überhaupt. Der Gott, an den Christen glauben, hat jedoch auch weibliche Züge, eine mütterliche Seite. Doch für Christen ist Gott weder Frau noch Mann.

Die Menschen versuchen, ihn über Gleichnisse zu verstehen. Das Bild des Vaters ist eines, das viele Deutungen in sich trägt und steter Interpretation bedarf. Zur Auseinandersetzung sind die Gläubigen schon durch den häufigen Gebrauch des Vatertitels als Gebetsanrede aufgerufen, vor allem im Vaterunser. Dieses Gebet hat für Christen eine ganz besondere Stellung: Es geht auf Jesus selbst zurück (vgl. Mt 6,9b–13; Lk 11,2b–4). Deswegen wird es in jedem Gottesdienst gesprochen und ist darüber hinaus in der Ökumene jener Text, der die Gläubigen über Zeiten und Kulturen hinweg vereint.

Muslime können die Gebetsanrede nicht mitsprechen. Für den Islam passt das Bild von Gott als dem Vater nicht, wie der Religionswissenschaftler Udo Tworuschka erklärt: »Gott ist im Koran ›Herr‹ und ›Lehrer‹ ... Allah ist trotz seiner Macht ›milder und barmherziger als hundert Väter und Mütter‹.« Tworuschka erklärt, der Ausdruck »Vater« werde im Islam meist in einem physischen Sinne verstanden. Wenn Gott Vater sein sollte, dann müsste er auch eine Frau haben. Zu den hundert Namen Gottes, die die islamische Tradition pflegt, zählt das Wort »Vater« deshalb nicht.

Auch das Gottesbild der Christen ist letztlich abstrakt. Danach ist Gott einer, »der in unzugänglichem Licht wohnt, den kein Mensch gesehen hat noch zu sehen vermag«, so heißt es im ersten Brief an Timotheus (6, 16). Aber wenn man Gott nicht sehen kann, wie kann man ihn dann verstehen? Oder soll man nicht einmal das? Der englische Autor Graham Greene bekannte: »Ich würde mich weigern, an einen Gott zu glauben, den ich verstehen könnte.«

Der Mensch kann sich Gott nur durch Bilder nähern – vorgestellte Bilder und sprachliche Bilder. Aber gerade dieser Annäherungsprozess ist Glauben. Kurt Marti, der evangelische Pfarrer und Dichter, weiß aus eigener Erfahrung: »Leichter wäre es, von Gott zu schweigen als von ihm zu reden. Wer schweigt, blamiert sich nicht. Wer schweigt, ist nicht angreifbar. Wer schweigt, scheint weise zu sein. (...) Von Gott reden, wie von ihm wohl geredet werden müsste, ist unmöglich. Noch unmöglicher aber ist es, nicht von ihm zu reden.«

Ganz anders

Einer, der gar nicht anders konnte, als von Gott zu reden, war der Apostel Paulus. Die Apostelgeschichte erzählt eine wunderbare Begebenheit, die sich – so die Exegeten – wahrscheinlich in der Realität nicht ereignete. Doch dass sie durch das Neue Testament erhalten geblieben ist, hat seine Bedeutung. Paulus also wartete in Athen auf seine Mitarbeiter Silas und Timotheus. Da erfasste ihn heiliger Zorn, als er die Stadt voller Götzenbilder sah. »Er redete in der Synagoge mit den Juden und Gottesfürchtigen, aber auch täglich auf dem Markt mit jenen, die er gerade antraf. Einige epikureische und stoische Philosophen diskutierten mit ihm und manche sagten: Was will dieser Schwätzer? Andere: Er scheint ein Verkünder fremder Götter zu sein. Er verkündete nämlich das Evangelium von Jesus und von der Auferstehung. Sie nahmen ihn mit, führten ihn zum Areopag und fragten: Dürfen wir erfahren, was das für eine neue Lehre ist, die du vorträgst? Du lässt uns ja seltsame Dinge hören. Darum möchten wir gerne wissen, was es damit auf sich hat. Alle Athener und die dort ansässigen Fremden hatten ja für nichts mehr Zeit, als Neuigkeiten zu erzählen oder zu hören.

Da trat Paulus in die Mitte des Areopags und sagte: Ihr Männer von Athen, nach allem, was ich sehe, seid ihr beson-

ders fromme Leute; denn als ich umherging und eure Heilig-
tümer betrachtete, fand ich auch einen Altar mit der Auf-
schrift: Einem unbekannten Gott. Was ihr da verehrt, ohne
es zu kennen, das verkünde ich euch. Gott, der die Welt und
alles in ihr geschaffen hat, der Herr des Himmels und der
Erde, wohnt nicht in Tempeln, die von Menschenhand erbaut
sind; auch lässt er sich nicht von Menschenhand bedienen,
als ob er etwas brauche, da er doch selbst allen Leben, Atem
und alles gibt. Er hat aus einem einzigen Menschen das ganze
Menschengeschlecht hervorgehen lassen, damit es die ganze
Erde bewohne. Er hat für sie bestimmte Zeiten und die Grenzen ihrer Wohnsitze festgesetzt. Sie sollten Gott suchen, ob
sie ihn fühlen und finden könnten; er ist ja keinem von uns
fern. Denn in ihm leben wir, bewegen wir uns und sind wir. So
haben ja auch einige von euren Dichtern gesagt: Wir sind von
seinem Geschlecht. Sind wir also von Gottes Geschlecht, dürfen wir nicht meinen, das Göttliche sei gleich Gold, Silber
oder Stein, einem Gebilde menschlicher Kunst und Erfindung.
Gott hat über die Zeiten der Unwissenheit hinweggesehen;
jetzt aber lässt er den Menschen verkünden, dass alle überall
umkehren. Denn er hat einen Tag bestimmt, an dem er den
Erdkreis in Gerechtigkeit richten wird durch einen Mann, den
er dazu bestellt und vor allen dadurch ausgewiesen hat, dass
er ihn von den Toten auferweckte. Als sie von der Auferstehung der Toten hörten, spotteten einige, andere sagten:
Darüber wollen wir dich ein anderes Mal hören« (Apostelgeschichte 17,17–32).

Der große Theologe argumentiert rhetorisch geschickt
und macht es den Athenern leichter, die neue Lehre zu akzeptieren. Er wird den Griechen ein Grieche, er macht sie darauf
aufmerksam, dass ihr Glaube und sein Glaube verwandt sind.
Von Paulus ließ sich John A. T. Robinson inspirieren, ein

anglikanischer Bischof im Süden Londons, der 1963 (!) ein Buch mit dem programmatischen Titel »Gott ist anders« veröffentlichte. Robinson sagt gegen Ende seiner Streitschrift: »Im Übrigen, in der Frage der Götterbilder – ob sie nun von Händen gemacht oder vom Geist erdacht sind – bin ich bereit, den Agnostikern ein Agnostiker zu werden und sogar den Atheisten ein Atheist. Diese Freiheit gewinne ich aus dem Bericht von der Begegnung des Paulus mit den Athenern.«

Dass Gott anders ist, war den Menschen in der Geschichte des Christentums theoretisch immer gewusst. Aus dem Mittelalter stammt die Erzählung von den zwei Mönchen, die sich zu Lebzeiten das Paradies in bunten Farben ausmalen und sich gegenseitig versprechen: Wer als Erster stirbt, müsse den anderen informieren, wie es im Himmel sei. Dafür erscheine man im Traum des noch auf Erden Lebenden und brauche nur ein Wort sagen: Entweder *taliter* – es ist so, wie wir uns das vorgestellt haben. Oder *aliter* – es ist anders, als wir es uns vorgestellt haben. Nun starb der eine Mönch und der andere erwartete sehnsüchtig die Begegnung mit ihm im Traum. Der kam und sprach, aber nicht ein Wort, sondern zwei: »*Totaliter aliter*!« Es ist vollkommen anders als in unserer Vorstellung!

Wird es bei der Begegnung mit Gott nicht genauso sein? Dass Gott *totaliter aliter* ist, könnten alle Theologen und Gläubigen wissen. Manche hingegen behaupten, die könnten genaue Aussagen über Gott machen. »*Deus totaliter aliter*!« – »Gott ist ganz anders!«, verkündete der evangelische Theologe Rudolf Bultmann und versuchte, den Spekulationen über ihn Einhalt zu gebieten. Auch der »evangelische Kirchenvater des 20. Jahrhunderts«, Karl Barth, sah in dieser Formel die wohl kürzeste und treffendste Charakteristik Gottes. Zum anderen Gott führen auch andere Wege. Rumi dichtet so:

Den Freund sah ich heute,
dem alles zum Verdienst gereicht,
am Himmel nahm er seinen Weg
wie die Seele Mohammeds!
Ich sagte: »Zeig mir die Leiter,
damit ich zum Himmel steige.«
Er sagte: »Du bist selbst die Leiter,
du musst auf deine eigene Schulter klettern:
wenn du dich meisterst,
sind dir die Sterne untertan!
Tausend Wege werden sich dir
am Himmel zeigen,
fliegen wirst du zu Morgenröten
wie ein Gebet.

Gott, der Alleine

Es gibt auch einige glaubende Menschen, die sich nicht an den theologischen Debatten beteiligen, weil sie meinen, Gott und der Kosmos seien eins. Man spricht dann von Pantheismus.

Der niederländische Philosoph Baruch de Spinoza, der im 17. Jahrhundert lebte, sagte: »Es gibt nur Eine, alle Determination und Negation von sich ausschließende, unendliche Substanz, welche Gott genannt wird und das Eine Sein in allem Dasein ist.« Es gibt demnach keinen Gott außerhalb der Welt, keine Transzendenz. Gott »ist« im Baum und im Wasser, im Licht und in der Wärme, in den Aprikosen, den Tieren und Menschen. Aber nicht darüber hinaus. Nach Spinoza ist es sinnlos, an einen Gott zu glauben, den man ansprechen kann, zu dem gebetet wird, mit dem zu ringen wäre. Aber sein *deus sive natura* (Gott = Natur) ist zu verehren. Diese Anschauung unterscheidet sich vom christlichen Zugang zur Gottesfrage, doch dogmatische Ablehnung allein würde ihr nicht gerecht. Vielleicht kommen wir mit diesen Gläubigen ins Gespräch über ihren und unseren Glauben, vielleicht auch nicht; dennoch können wir uns zusammentun, um das Leben auf der Erde zu schützen.

Darüber hinaus haben auch eine Menge christlicher Zeitgenossen, darunter Kirchgänger aller Konfessionen, keinen Bezug mehr zu Gott als einer »Person«, als einem Gegenüber, das ansprechbar ist.

Die Theologie entwickelte viel komplexere Bilder, die nicht absolut gesetzt werden sollten. Sie sind vielmehr Hilfen, Instrumente, Platzhalter für das, was wir nicht recht ausdrücken können: »Gott«, ein kleines Wort mit vier Buchstaben, steht doch über alle Epochen hinweg immer noch für eine große Idee, für ein zärtliches Gegenüber, bei manchen für eine seelische Belastung, letztlich für eine andere Wirklichkeit.

Gott erfahren – aber wie?

»Wie kann Gott um 11 Uhr zur Messe in St. Anna sein, wenn gleichzeitig in St. Martinus auch Gottesdienst ist?«, so fragten die Kommunionkinder und es fällt nicht schwer, dieser kindlichen Sorge mit der Allmacht Gottes zu begegnen. Mich bewegt eher die Frage, ob Gott sich wirklich auf unsere Gottesdienstordnung einlässt und um 11 Uhr zur Stelle ist, wenn wir uns versammeln, um ihm zu danken. Lässt sich Gott herbeizitieren? Nicht weniger kindlich, dieser Gedanke.

Wo und wie ist Gott anwesend?

Wir sehnen uns nach der Gegenwart Gottes. Dafür brauchen wir sichtbare Zeichen, ob es nun die aufgeschlagene Bibel auf dem Altar ist oder der Tabernakel; wir versichern uns seiner Nähe durch sein Wort und Sakrament. Wir wissen aber auch, diese Zeichen haben wir Menschen uns gegeben. Nach muslimischem Glauben gibt es eine Urschrift des Korans im Himmel; das Christentum weiß hingegen, seine Bibel ist das Ergebnis einer langen Redaktionsgeschichte. Ähnlich verhält es mit dem Sakrament der Eucharistie bzw. dem Abendmahl.

Die synoptischen Evangelisten Matthäus, Markus und Lukas verstehen das Herrenmahl als Paschamahl – also das alljährlich gefeierte Mahl beim Hausgottesdienst zur Erinnerung an den Auszug der Israeliten aus Ägypten. Zumindest stilisieren es die ersten drei Evangelien aus theologischen und liturgischen Gründen zu einem solchen. Dabei meinen einige Exegeten, beim ursprünglichen Abendmahlsbericht habe es sich um eine zeitlich nicht gebundene Kultlegende ohne Bezug zum Pascha gehandelt. Für den Evangelisten Johannes muss das Abschiedsmahl ohnehin vor dem Paschafest liegen. Nach seiner Chronologie der Ereignisse fällt die Kreuzigung Jesu auf Golgatha zeitlich mit der Schlachtung der Lämmer im Tempel zusammen. So sieht er die Parallele zum Pascha nicht im Mahl, sondern im Tod Jesu.

Man kann nicht mit Sicherheit sagen, wie Jesus selbst sein Mahl interpretiert hat. Wir sehen aber, wie man es später verstanden hat. Richtungsweisend hat dabei der Apostel Paulus gewirkt. Über ihn urteilte einmal der französische Theologe Alfred Loisy, Paulus habe aus dem schlichten Evangelium ein hellenistisches Heilsmysterium machen wollen, um es den Griechen schmackhaft zu machen. Manche Theologen gehen so weit zu behaupten, es sei Paulus zuzuschreiben, dass man im Herrenmahl nicht mehr mit Jesus essen würde, sondern von ihm.

Paulus war aus seiner Heimatstadt Tarsus mit den heidnischen Mythen und Kulten ebenso vertraut wie mit der stoischen Philosophie. Die Frage, ob er das Herrenmahl für ein Paschamahl hielt oder nicht, lässt sich durch seine Überlieferung nicht eindeutig beantworten. In dem von ihm stammenden Abendmahlsbericht kommt das Pascha nicht vor, jedoch sagt er an anderer Stelle im gleichen Brief: »denn auch unser Paschalamm ist geschlachtet, nämlich Christus« (1. Kor 5,7).

Hans-Josef Klauck, katholischer Theologe, fasst zusammen, vom Abschiedsmahl Jesu mit seinen Jüngern am Vorabend seines Todes bis zur Vorstellung vom Essen und Trinken seines Fleisches und Blutes habe sich ein Prozess vollzogen:

»Die treibenden Motive sind die zunehmende Konzentrierung auf die Mahlelemente Brot und Wein als Garanten der personalen Gegenwart des Herrn, sowie, damit zusammenhängend, die fortschreitende Isolierung von Brot- und Becherhandlung und ihre Stilisierung zu einem bloßen Kultakt.«

So weit die Wissenschaft. Der Glaube sagt ganz schlicht: Gott ist da! Mitten unter uns! Und ich teile diesen Glauben, weil Gott sich auf so vielen Wegen zeigt. Mit Andacht singe ich das Lied mit dem erhebenden Text von Gerhard Tersteegen:

> Gott ist gegenwärtig.
> Lasset uns anbeten
> und in Ehrfurcht vor ihn treten.
> Gott ist in der Mitte.
> Alles in uns schweige
> und sich innigst vor ihm beuge.
> Wer ihn kennt, wer ihn nennt,
> schlag die Augen nieder;
> kommt, ergebt euch wieder.

Er ist nicht gegenwärtig, weil wir ihn herbeizaubern, sondern er ist immer da, vierundzwanzig Stunden und an jedem Ort. Doch ich als beschränkter und stumpfer Mensch brauche Hilfe, mich in seine Gegenwart versetzen zu können, durch besondere Orte wie Kirchen oder Wallfahrtsstätten, durch Bilder, die mich erinnern und rühren, durch Rituale, die mir bewusst machen, dass ich in das Dasein Gottes hineingenommen bin.

Von Zeichen und ihrer Wirkung

Zeichen sind kein schmückendes Beiwerk, Zeichen entfalten Wirkung. Wer uns mit verschränkten Armen begegnet oder den Kopf schüttelt über unser Tun, der verunsichert uns. Wer uns aber mit offenen Armen entgegenkommt oder uns anlächelt, der tut unserer Seele wohl. Die Umarmung bei einer Versöhnung ist nicht nur eine Geste, sondern ein wirksames Zeichen. Auch Worte haben Macht: »Das schaffst du nicht!« motiviert bestenfalls zum Trotz. Ermutigend hingegen wirkt der Zuspruch: »Dir traue ich das zu!« Worte können niederdrücken, sodass man sich klein und schwach fühlt. Worte bergen jedoch auch das Potenzial, aufzubauen und Zuversicht zu verbreiten.

Für alle Zeichen des Glaubens gilt, was Thomas Morus ganz wunderbar in seinem Werk »Utopia« geschrieben hat. Der englische Lordkanzler wird zu Recht als Heiliger verehrt, doch man stutzte ihn schnell zum Gutmütigen zurecht, der seinen Bart vor der Hinrichtung retten wollte. Dabei war der Gelehrte eben auch ein Dichter und Denker. Wenn Thomas Morus im Jahr 1516 (also nur ein Jahr vor dem Beginn der Reformation durch Martin Luthers Thesenanschlag) über den Glauben der Einwohner von Utopia spricht, dann macht er selbstverständlich auch Aussagen über den Glauben seiner Zeit. Seine Haltung zeugt von einem weiten philosophischen und religiösen Horizont: »Beim Opfer schlachten sie kein Tier, wähnen auch nicht, an Blut und Mord werde der gütige Gott Gefallen finden, der doch den beseelten Geschöpfen das Leben geschenkt hat, damit sie leben sollen. Sie zünden Weihrauch an und entfalten noch andere Wohlgerüche; dazu stecken sie zahlreiche Wachskerzen auf, nicht als ob ihnen unbekannt wäre, dass alle diese Äußerlichkeiten mit dem

Wesen Gottes nichts zu tun haben, ebensowenig wie ja sogar die Gebete der Menschen vor ihm nichts gelten, aber ihnen gefällt diese unblutige Art der Gottesverehrung, und überdies fühlen sich die Menschen durch die Düfte, Lichter und sonstigen Feierlichkeiten auf irgendeine unsagbare Weise innerlich aufgerichtet und befähigt, sich mit größerer Spannung zur Verehrung Gottes zu erheben.«

»Unter den Talaren der Muff von tausend Jahren!« – Dieser Schlachtruf der Studentenbewegung der Sechziger Jahre brachte in nur einem Satz die Kritik einer ganzen Generation auf den Punkt: Die jungen Menschen hatten damals das Vertrauen in die Institutionen verloren, ganz gleich, ob es sich um die Universität, den Staat, die Justiz, die Politik oder die Kirche handelte. Alles in den Institutionen sei verstaubt, starr, unfähig, in eine bessere Zukunft hinein zu wirken, weil sich eben alles an der Vergangenheit orientiere. Für die Gestaltung der Gegenwart schienen die Institutionen gänzlich ungeeignet.

Die Studentenbewegung erhob sich gegen eine Gesellschaft, die noch stark vom Krieg und dem Nationalsozialismus geprägt worden war. Hatte Hitlers Ideologie nicht alle kulturellen Errungenschaften in die Perversion getrieben? Massenhaft waren die Deutschen den Fantasien der eigenen Übermacht und Übermenschlichkeit erlegen. Und hatte es nicht nur deswegen dazu kommen können, weil geschickte Propaganda das Volk manipulierte?

Diese Propaganda aber bediente sich erprobter Instrumente. So glorifizierten die Nazis die Fahne, doch eine Verehrung der Fahne kannte schon lange vorher auch die Kirche. Prächtige Umzüge versinnbildlichten die imaginäre Macht der Partei, doch Prozessionen waren auch in den Kirchen üblich.

Den Kathedralen des Mittelalters setzten die Nazis »Licht-Dome« entgegen, gebildet aus den Strahlen von Flak-Scheinwerfern am nächtlichen Himmel. Blutschwüre lösten heilige Gelübde ab. Der sogenannte »Führer« genoss eine Verehrung, wie sie einmal dem Messias vorbehalten gewesen war. Kurz: Die Nazis hatten es verstanden, eine Atmosphäre des Quasireligiösen zu schaffen: Man glaubte an Deutschland.

Die Studenten der 68er-Generation glaubten nicht mehr daran. Und sie misstrauten allem, was ihnen als Merkmal des alten Systems galt. Was mit den »Talaren« und dem »Muff« gemeint war, fand seinen besonderen Ausdruck in den Ritualen. Und Rituale stehen selbst für Größeres, das eben nur sinnbildlich ausgedrückt werden kann.

Die Institutionen und ihre Rituale schienen den Anspruch auf Anerkennung verwirkt zu haben. Also lautete die Devise, sich den Ritualen zu verweigern: Warum sich vor Gericht erheben – dient das etwa der Findung von Wahrheit? Warum zum klassischen Konzert im Anzug erscheinen – klingt die Musik etwa anders, wenn man in Jeans zuhört? Und warum ausgerechnet am Geburtstag ein Geschenk überreichen – man kann doch an jedem anderen Tag im Jahr zeigen, dass man jemanden mag.

Diese rigorose Ritualverweigerung ist schon wieder überwunden, doch immer noch stehen Rituale in Verruf: Sie seien inhaltsleer, wirft man ihnen vor. Sie zu vollziehen offenbare eine Zwanghaftigkeit, behauptet man von den praktizierenden Menschen. Und im Geist der Zweckrationalität fragt man: Was bringen sie?

Rituale – überholtes Getue oder Kraftspender der ganz anderen Art?

In der Tat tut sich der moderne westlich orientierte Zeitgenosse mit Ritualen schwer, da sie einigen seiner Maximen entgegenzustehen scheinen: Wir suchen ständig das Neue, wollen andere Wege gehen, etwas erleben, verstehen, was wir tun und lassen; wir drängen darauf, unserer Individualität freien Raum zu lassen. Klassische Rituale jedoch funktionieren genau entgegengesetzt: Sie verfügen über einen festgelegten Ablauf, der kaum Platz lässt für Spontaneität. Das Stereotype macht das Ritual wiederholbar, und gerade die oftmalige Wiederholung ist meistens Voraussetzung, um am Ritual angemessen teilnehmen zu können. Rituale sind symbolträchtig und die wenigsten Details ihres Vollzugs kann man rational so begründen, dass sie wirklich notwendig wären.

Rituale widersprechen demnach unserem aufgeklärten Lebensgefühl. Belegen ließe sich das mit den ständig abnehmenden Zahlen der Gottesdienstbesucher in den großen Kirchen. Wenn wir aber tatsächlich so wenig mit Ritualen anfangen können, wie kommt es dann, dass in Akademien und Begegnungsstätten und anderen Einrichtungen neue und vor allem uralte Rituale massenhaften Zulauf haben? So sollen angeblich keltische, kabbalistische oder schamanistische Riten dem kopfgesteuerten Wohlstandsmenschen wieder Zugang zu seinen inneren Kräften verleihen. Literatur unserer Tage preist ein Ritual zur Menarche, zur ersten Menstruation, die nicht sang- und klanglos vorübergehen, sondern das Mädchen symbolisch in den Kreis der Frauen aufnehmen soll. Evangelische Pfarrer halten da und dort einen Scheidungsgottesdienst und nehmen rituell die einst geschlossene Ehe zurück. Und beim Elternabend des Kindergartens hören die Erziehungsberechtigten, wie notwendig ein Abendritual sei, das dem festgelegten Ablauf von Zähneputzen, Geschichte vorlesen, Liedsingen, Gute-Nacht-Kuss und Licht ausschalten folgt. Offensichtlich haben Rituale doch etwas Gutes: Sie können für das Leben hilfreich sein, vermögen sogar eine segensreiche Wirkung zu entfalten. Denn Worte und Zeichen haben es in sich.

Gleichförmige Abläufe – von einer Stadtratssitzung bis zur »Tagesschau« – könnten wir Ritual nennen. Das Wörterbuch definiert den Begriff kurz als »fixierten Ablauf« und »Brauch«. Streng genommen verstehen wir unter Ritual eine komplexe religiöse Zeremonie, bestehend aus zahlreichen Einzelteilen, den Riten, die nach einem festgelegten Schema vollzogen werden.

Firmung, Konfirmation, Jugendweihe

Betrachten wir als Beispiel die katholische Firmung und die evangelische Konfirmation. Beide Begriffe leiten sich aus dem lateinischen Wort *confirmatio* ab, das »Befestigung« bedeutet. Die evangelische Konfirmation, die als Segenshandlung während eines feierlichen Gottesdienstes vollzogen wird, hat verschiedene Akzente: Sie fordert vom heranreifenden Menschen ein Ja zur Taufe, also eine persönliche Entscheidung für seinen Glauben. Die Konfirmation besiegelt die Mitgliedschaft in der Kirche und erteilt die Erlaubnis, das Patenamt zu übernehmen; in einigen Gemeinden ist damit auch die Zulassung zum Abendmahl verbunden, in anderen dürfen schon Kinder daran teilnehmen. Wesen und Gestaltung der Konfirmation sind heute einem starken Wandel unterworfen. Früher einmal glich sie einer öffentlichen Prüfung des Glaubenswissens. In unserer Zeit versteht sie sich als fröhliches Fest, das eine Glaubenserfahrung ermöglichen soll.

Bei der katholischen Firmung zeichnet der Bischof dem Firmling mit Chrisamöl ein Kreuz auf die Stirn, spricht ihn mit seinem Namen an und sagt: »Sei besiegelt durch die Gabe Gottes, den Heiligen Geist.« In der orthodoxen Kirche spendet der Priester die Firmung einem Säugling gleich im Anschluss an die Taufe.

In den Riten unterschiedlich, in der Bedeutung ähnlich: Die christlichen Konfessionen verstehen die Firmung beziehungsweise Konfirmation als symbolische Eingliederung in die Gemeinschaft der Kirche, aus der Rechte und Pflichten erwachsen.

Als weltliches Gegenstück zelebrierte der Sozialismus die Jugendweihe. Bereits vor 150 Jahren gestalteten Freidenker eine betont nichtreligiöse, dem Verstand und den Idealen der Aufklärung gewidmete Feier für Jugendliche. Die DDR übernahm dieses Konzept und erweiterte es zu einem Gelöbnis gegenüber dem Staat. Die Formel lautete: »Seid ihr bereit, als junge Bürger unserer Deutschen Demokratischen Republik mit uns gemeinsam, getreu der Verfassung, für die große und edle Sache des Sozialismus zu arbeiten und zu kämpfen und das revolutionäre Erbe des Volkes in Ehren zu halten, so antwortet: Ja, das geloben wir!«

1985 nahmen etwa 98 Prozent der 14-Jährigen in der DDR an der Jugendweihe teil, also fast alle. Zum einen förderte der Staat diese Veranstaltungen, zum anderen drohten jenen, die sich verweigerten, Sanktionen: Eine höhere Schule zu besuchen oder einen gewünschten Ausbildungsplatz zu finden wurde erschwert, wenn nicht gar unmöglich gemacht. Vor allem aber hatte sich die Jugendweihe in der atheistisch geprägten DDR zum selbstverständlichen und nicht hinterfragten Bestandteil des gesellschaftlichen Lebens entwickelt. Man feierte mit Gästen, gutem Essen und Geschenken.

Nun hätte man annehmen können, dass mit dem Ende des Sozialismus der Jugendweihe die Grundlage entzogen wäre. Doch Totgesagte leben bekanntlich länger: Ein 1990 eigens gegründeter Verein organisiert immer noch Jugendweihen; sie werden heute als »festlicher, öffentlicher und familiär gestalteter Übergang von der Kindheit ins Jugendalter« für Konfessionslose angeboten. Man offeriere, so heißt es, Orientierungshilfen für die Suche nach dem Sinn des Lebens. Im Jahr 2009 empfingen rund 25.000 Jugendliche, vornehmlich in den ostdeutschen Bundesländern, die Jugendweihe. Das war noch ein Zehntel der Anzahl von 1989.

Bietet die heutige Jugendweihe nicht zu wenig Inhalt für ein Ritual? Zunächst kann man feststellen, dass 25.000 jährliche Jugendweihen immerhin das Bedürfnis nach einem persönlichen Ritual widerspiegeln. Auch die christlichen Kirchen müssen feststellen: Taufen, Hochzeiten oder Beerdigungen stehen höher im Kurs als der sonntägliche Gottesdienst. Wenn Kinder getauft werden oder zur Erstkommunion gehen, wenn man heiratet oder die Eltern bestattet werden, dann sind diese Rituale nah am Leben. Sie werden verstanden, vermitteln Sinn. Kaum verstanden werden allerdings theologische Inhalte wie Dreifaltigkeit, Erbsünde oder die Wesensverwandlung der Hostie in der katholischen Eucharistiefeier.

Doch auch ohne hundertprozentiges Wissen, was da eigentlich symbolisch geschieht, erfüllen Rituale Funktionen: Auf der sozialen Ebene werden allgemeine Vorstellungen vom Leben so verinnerlicht, dass sie als »normal« und selbstverständlich gelten. In diesem Sinn schaffen Rituale Solidarität; sie zeigen den Menschen, dass sie zusammengehören, was wiederum die Gemeinschaft stabilisiert: »Keiner ist allein!«

Rituale wirken jedoch auch psychologisch: Sie schaffen Entlastung, denn man muss nicht in jeder Krisensituation neu überlegen, was nun zu tun ist. Man kann auf die erprobten Rituale zurückgreifen. Das gibt ein Gefühl von Sicherheit und Halt, reduziert die Angst und hilft, die Emotionen zu kontrollieren.

Die bunte Welt der Riten

Rituale führen Menschen zusammen und stärken ihre Gemeinschaft. Und das gilt nicht nur für kirchliche Rituale. Welche Verbrüderungen finden etwa bei Fußballspielen statt! Zu seinem Verein zu halten, überbrückt für die Länge des Spiels alle Unterschiede. Oder Parteitage: Sie können Fremde zusammenschweißen, wenn es darum geht, eine gemeinsame Idee hochzuhalten.

Besonders stark wirkten und wirken Rituale bei Menschen, die an einen Gott oder an mehrere Götter glauben: Die Priester der alten ägyptischen Religion begrüßten morgens mit Hymnen die Sonne. Gläubige der indigenen Religionen rufen die Ahnen an. Indianer gehen zur Reinigungszeremonie in die Schwitzhütte und erfahren beim Rauchen der heiligen Pfeife Gemeinschaft untereinander und mit der göttlichen Kraft. Hindus beginnen jeden Tag mit der Puja, einer Morgenandacht, bei der die heilige Silbe »Om« gesprochen wird und Verse aus dem Rig-Veda zitiert werden. Im Buddhismus sprechen die Gläubigen täglich das Zufluchtgebet: »Ich nehme Zuflucht zum Buddha. Ich nehme Zuflucht zum Dharma (zur Lehre). Ich nehme Zuflucht zum Sangha (zur Gemeinschaft aller Buddhisten).

Mehrmals am Tag beten fromme Juden das Sch'ma Jisrael, »Höre, Israel«, außerdem einige Psalmen. Am Freitagabend wird zur Begrüßung des Sabbats beim Abendessen zu Hause ein kleiner Gottesdienst gehalten. Am Samstagmorgen lesen sie in der Synagoge aus der Tora. Zu den Pfeilern des Islam gehört die Šalat, das fünfmalige tägliche Gebet. Es wird in Richtung Mekka vollzogen. Jeder saubere Ort ist dafür geeignet, es genügt ein Gebetsteppich, der Sand der Wüste oder zur Not eine ausgebreitete Zeitung auf dem Flughafen. Zuvor wird eine rituelle Reinigung vollzogen. Wenn möglich, beten Muslime gemeinsam in der Moschee. In muslimischen Ländern ruft der Muezzin dazu vom Minarett. Das Ritual sieht verschiedene Niederwerfungen vor, dazu werden Lobpreisungen gesprochen, wie das Bekenntnis »Allahu akbar!« – »Gott ist groß!«

Messe und Gottesdienst

Rituale erfüllen ihre Aufgabe dann, wenn alle, die daran teilnehmen, die Symbolik verstehen, die dahintersteht. Das ist wie mit einem Witz: Er wirkt nur, wenn er auf Anhieb verstanden wird. Einen Witz kann man nicht erklären.

Werden die Zeichen jedoch nicht mehr allgemein verstanden, büßen die Rituale an Bedeutung ein. Dieser Zustand war vor einigen Jahrzehnten auch für die katholische Messe erreicht. In fast unveränderter Weise wurde sie vom 16. Jahrhundert bis ins Jahr 1965 gefeiert: in lateinischer Sprache, die kaum ein durchschnittlicher Katholik verstand, der Priester dem Altar zugewandt und mit dem Rücken zum Volk; die Messe war überladen mit Riten und Symbolen, die mit dem Alltag der Menschen kaum Berührungspunkte hatten. Pro

Messe kam ein Priester durchschnittlich auf 10 Altarküsse, 16 Kniebeugen und 52 Kreuzzeichen.

Doch bis zu dieser Form der Messe, wie sie im Messbuch von 1570 beschrieben ist und in allen katholischen Kirchen praktiziert wurde, hatte sie schon eine lange Entwicklung hinter sich, angefangen von den ersten Treffen der Christen in der Urkirche. Bereits damals haben sich rituelle Formeln entwickelt. Das zeigt der erste Abendmahlsbericht, den der Apostel Paulus im ersten Korintherbrief zitiert und der älter ist als die Evangelien selbst. Mit der Zeit wurde aus dem Gottesdienst eine Art Hofzeremoniell, das die Huldigung irdischer Könige imitierte. Die Ministranten bildeten dann ein Spalier wie bei Hof die Pagen, wenn der Herrscher eintrat.

Die Reformation änderte das Gottesdienstritual zumindest für die evangelischen Christen gravierend. Zeichen wurden nur noch angedeutet und im Mittelpunkt stand nun die Verkündigung des Wortes, was sich durch Lesungen auf Deutsch, ausführliche Predigten und Liedern mit vielen Strophen manifestierte.

Im Dezember 1965 endete in Rom die Versammlung aller katholischen Bischöfe, das sogenannte Zweite Vatikanische Konzil. Durch seinen Beschluss wurde die Messe sozusagen »evangelischer«, indem der Wortverkündigung einen größeren Stellenwert eingeräumt und die rituelle Symbolik gestrafft wurde. Im Zug der ökumenischen Öffnung entdeckten umgekehrt die evangelischen Kirchen wieder, wie wertvoll sinnliche Erfahrung sein kann: Das Abendmahl wurde wieder häufiger gefeiert und der Gebrauch von Osterkerzen hat sich weitgehend durchgesetzt.

Die neue Liturgie der Katholiken fand aber nicht nur Befürworter. Traditionalisten um den französischen Bischof Marcel Lefebvre sahen in der neuen Liturgie ein Symptom für den Untergang des christlichen Abendlandes. Der Bischof und einige seiner Getreuen nahmen die Exkommunikation in Kauf, um weiterhin den Gottesdienst im alten Stil feiern zu können. Aber auch aus der sonst fortschrittlichen Theologie kam Kritik: Die Umgestaltung des Rituals habe aus dem einst sakralen Spiel mit dem Unverfügbaren nun eine pädagogische Veranstaltung gemacht. Das Wort habe das Wort, und das verlange ständige Aufmerksamkeit. Es solle gehört, gelernt, verstanden werden, aber weniger gefühlt.

Dieses Misstrauen dem Wort gegenüber hat die Gemeinschaft der Quäker kultiviert. Diese radikalen Pazifisten sind unter anderem durch die Quäkerspeisungen nach den Weltkriegen bekannt geworden. Sie haben keine Dogmatik, keine Hierarchie, keine Liturgie. Man trifft sich zur sonntäglichen Andacht, in der alle dasitzen und schweigen. Wem der Geist Gottes in dieser Stunde des Schweigens etwas zu sagen eingibt, der steht auf, spricht oder betet, und setzt sich wieder. Das Sinnlichste an diesem Gottesdienst ist der Kreis, den man am Ende schließt, indem sich alle die Hände reichen.

Es kommt also nicht auf die Menge der Einzelriten an, sondern auf ihre Intensität.

Mythos und Ritual – Huhn oder Ei?

Anfang 2003 überraschte eine Sensation die Altertumswissenschaftler: Forscher hatten bei Ausgrabungen im Norden Spaniens eine Höhle entdeckt. Darin fanden sie 400.000 Jahre alte menschliche Knochen – und eine Axt aus Quarzitstein, 16 Zentimeter lang. Da außer dieser Axt keine anderen Werkzeuge aufzufinden waren, interpretierte man sie als Grabbeigabe für den Verstorbenen.

Damit wäre schon sehr früh in der Menschheitsgeschichte ein Totenkult nachgewiesen, denn wozu sollte man dem Toten eine Axt mitgeben, wenn man nicht davon überzeugt war, dass er sie jenseits der Todesgrenze auch benutzten wird? Welche Vorstellungen aber hatten die Menschen damals von diesem Jenseits? Vor 400.000 Jahren wandelte der *homo erectus* über die Erde, der aufrecht gehende Mensch. Kannte er schon so etwas wie Religion?

Dem Verstorbenen eine Axt mit ins Grab zu geben, können wir als eine Art Ritual verstehen. Daraus auf einen Jenseitsglauben zu schließen, spräche für einen vorhandenen Mythos. Der Mythos ist die »heilige Geschichte« hinter dem, was religiöse Menschen glauben und tun.

Nun hat die vergleichende Religionswissenschaft lange diskutiert, ob grundsätzlich erst ein Mythos da sein müsse, aus dem Rituale entstehen – oder ob umgekehrt das Ritual einen passenden, sich selbst begründenden Mythos gebiert. Eine buddhistische Geschichte erzählt, dass Mönche eines Klosters wegen der vielen Mäuse eine Katze anschafften. Jahrhunderte später, längst waren die Mäuse verschwunden und die Katzen im Kloster Tradition geworden, dachte niemand mehr an ihren einstigen praktischen Nutzen, aber man spekulierte über die spirituelle Kraft der Katzen.

Die Frage also, wer älter ist – Mythos oder Ritual – wird wie jene von Henne und Ei unlösbar bleiben. Festzustellen bleibt, wie vielfältig Rituale zum Einsatz kommen: Sie können in Krisenzeiten aktiviert werden, aber auch regelmäßig stattfinden und die Gemeinschaft stabilisieren. Rituale können Menschen eingliedern – in die Kirche, ein Kloster, ein Amt –, aber auch loslösen und ausstoßen.

Wegweiser und Hilfe für Lebensübergänge

Am populärsten sind in allen Kulturen die Passageriten. Sie werden so genannt, weil sie den Menschen begleiten, wenn er von einer Lebensphase in die nächste hinübergeht. Die verschiedenen Lebensabschnitte werden in den meisten Religionen mit speziellen Riten gefeiert: Nach der Geburt wird dem Baby feierlich und öffentlich der Name gegeben, der es zu einem unverwechselbaren Wesen macht. Außerdem wird das Kind in die Glaubensgemeinschaft aufgenommen. Juden und Muslime lassen die männlichen Kinder beschneiden: Jüdische Jungen werden am achten Tag nach der Geburt, muslimische erst im Alter von sieben bis neun Jahren beschnitten.

Ähnlich der Konfirmation ist bei den Juden die Feier der Bar Mizwa der Jungen und der Bat Mizwa der Mädchen: Sie werden zu »Söhnen und Töchtern der Pflicht«, das heißt, sie haben nun alle religiösen Pflichten, aber auch alle Rechte eines jüdischen Menschen.

In manchen Kulturen der indigenen Völker Afrikas geht die Aufnahme in die Gemeinschaft der Erwachsenen dramatisch zu: Nachts werden die Kinder aus dem Schlaf gerissen. Man trennt sie im Folgenden für Wochen von den Familien, gibt ihnen wenig Nahrung, fügt ihnen Schmerzen zu. Sie müssen Einsamkeit ertragen, dürfen nicht sprechen und hören oder sehen erstmals heilige Dinge, die sonst tabu, das heißt Eingeweihten vorbehalten, sind. Sie werden kahlrasiert und haben nackt zu bleiben. Am Ende dieser symbolischen Zeit, in der sie als Kind quasi sterben, gelten sie als neugeboren und sind, wenn sie all diese Schrecken und Gefahren überstanden haben, wohl wirklich ein Stück erwachsener geworden.

Auch die Eheschließung ist ein wichtiger Höhepunkt im Lauf eines Lebens. Hochzeiten werden in allen Kulturen groß gefeiert. In den meisten Religionen gehört dazu ein Gottesdienst, in dem das Brautpaar gesegnet wird.

Wenn ein Mensch stirbt, spiegeln die Riten der Beerdigung den jeweiligen Jenseitsglauben wider und helfen auch hier, den Übergang – in diesem Fall vom Leben zum Tod – zu gestalten. Passageriten vermitteln in konkreten Situationen Beistand und Schutz, sie deuten das Geschehen aus dem Glauben heraus.

Alltag und Fest

Daneben gibt es die regelmäßig wiederkehrenden Feste der Gemeinschaft. Die monotheistischen Religionen, die an den *einen* Gott glauben, haben wöchentliche Feiertage. Die Muslime kommen beispielsweise am Freitag in der Moschee zusammen, jedoch ist in vielen muslimischen Ländern nur am Sonntag schul- und arbeitsfrei. Die Juden feiern den Sabbat, der von Freitagabend bis Samstagabend dauert, als den Tag, an dem Gott nach der Schöpfung der Welt ruhte. Auch sie ruhen an diesem Tag und dürfen keine Arbeiten verrichten. Für Christen ist der Sonntag jeder Woche der Tag, an dem sie die Auferstehung Jesu von den Toten feiern.

Im Lauf eines Jahres gibt es viele Anlässe zu Feierlichkeiten. Überall auf der Welt wird zum Beispiel dem Neujahrstag eine besondere Bedeutung beigemessen: Das junge Jahr ist wie ein neuer Anfang voller Chancen. Wichtig sind auch die Erntedankfeste. Einige afrikanische Stämme kennen das Yamsfest, ein Fest zur Ernte der ersten Yamsknollen, die unseren Kartoffeln ähneln. Und auch das Symbol »Licht« ist, gerade in den eher dunklen Jahreszeiten, oft ein Anlass zum

Feiern: Wenn Hindus an Divali Feuerwerk abbrennen, Juden am Chanukkaleuchter und Christen am Weihnachtsbaum Kerzen anzünden, dann wollen sie zeigen, dass das Licht stärker ist als die Finsternis.

Rituale schaffen Identität: Ein Umzug mit Laternen mag eigentlich zu Ehren des Heiligen Martin stattfinden, aber er bildet auch aus vielen Einzelindividuen für einen Abend eine Gemeinschaft. Ähnlich ist es mit Weihnachten: Man kann dieses Fest feiern, ohne dabei an die Geburt Christi zu denken. Dann stellen beispielsweise auch muslimische Familien einen Weihnachtsbaum auf und beschenken ihre Kinder. Der religiöse Inhalt des Festes ist eben der eine Aspekt, die soziale Aufgabe eine andere. In diesem Fall lautet sie: die Familie zu zelebrieren. Gerade Weihnachten ist in vielen Haushalten streng ritualisiert, vom Kochen über das Baden und Essen bis hin zum Bescheren und dem Kirchgang.

Wie Weihnachten, Ostern und Pfingsten ursprünglich einmal Stationen aus dem Leben Jesu vergegenwärtigen wollten, gibt es auch in anderen Religionen Feste, die die Gründerpersönlichkeiten oder wichtige Ereignisse der Geschichte ihres Glaubens thematisieren: Juden erfahren am Versöhnungstag, dem Jom Kippur, die Vergebung ihrer Schuld. Muslime begehen mit großem Aufwand das Ende des Fastenmonats Ramadan mit dem Zuckerfest und erinnern sich beim Opferfest an das Opfer Ismaels. Buddhisten feiern die Geburt des Buddha, seine Erleuchtung und seinen Eingang ins Nirwana. Ob beim hinduistischen Frühlingsfest Holi oder beim Sonnentanz der nordamerikanischen Indianer – immer wollen solche Feste und Rituale den Glauben stärken und die Verbundenheit untereinander festigen.

Was der französische Dichter Antoine de Saint-Exupéry in seinem »Kleinen Prinzen« über das Brauchtum sagt, gilt entsprechend für die Rituale. Er erzählt, wie der Kleine Prinz sich etwas unbeholfen dabei anstellt, den Fuchs zu zähmen. Der Fuchs erklärt ihm: »Es muss feste Bräuche geben. Es wäre besser gewesen, du wärst zur selben Stunde wiedergekommen. Wenn du zum Beispiel um vier Uhr nachmittags kommst, kann ich um drei Uhr anfangen, glücklich zu sein. Je mehr die Zeit vergeht, umso glücklicher werde ich mich fühlen. ... Wenn du aber irgendwann kommst, kann ich nicht wissen, wann mein Herz da sein soll ... Es muss feste Bräuche geben.«

Rituale haben das »Mehr«

Die Vollzüge, die Kleidung und die Gegenstände, die für Rituale eine große Rolle spielen, bekommen innerhalb einer Zeremonie eine neue Bedeutung, gehen über das hinaus, was sie im Alltag der Menschen bedeuten. Die Benetzung mit Wasser dient dann nicht wirklich der Säuberung, sondern einer geistlichen Reinigung. Ein Baby muss bei der Taufe beispielsweise nicht gebadet werden, das haben die Eltern zu Hause getan. Hier geht es vielmehr um eine Reinigung, die mit Seife nicht zu erreichen ist. Das erfahren auch die Hindus bei ihrem Bad im Ganges oder Muslime bei der rituellen Waschung vor dem Gebet. Das Genießen von Brot und Wein beim Abendmahl soll gar nicht sättigen, vielmehr geht es um einen Hunger, der mit Essen nicht gestillt werden kann. In der Antike erfuhr man Kommunion, also Gemeinschaft mit den Göttern, wenn man vom dem Fleisch aß, das man ihnen opferte.

Auch die Körperhaltung – gehen, sitzen, liegen, knien, verneigen – folgt im Ritual nicht praktischen Erfordernissen, sondern einem Zeichencode. Die Kleidung der Ritualvorsteher orientiert sich nicht am Klima, sondern am Glauben, der im

Ritual seinen intensiven Ausdruck findet. Also werden wir natürlich auch bei 30 Grad im Sommer nicht im T-Shirt an einer Trauerfeier teilnehmen, sondern im schwarzen Anzug.

Rituale zeigen uns, dass Worte und Zeichen es in sich haben. Das erfahren wir eigentlich jeden Tag. Man stelle sich vor: Um neun Uhr haben wir einen wichtigen Termin beim Chef, es geht um unsere Beförderung. Zu Hause verabschiedet uns der Ehepartner mit den Worten: »Du wirst den Posten sowieso nicht bekommen!« Oder der Sportverein geht zu einem wichtigen Spiel auf den Platz und der Trainer raunt seinen Spielern zu: »Ihr verliert bestimmt!«

Worte haben Wirkungen. Sie können uns traurig stimmen und uns den Mut nehmen. Doch sie können auch das Gegenteil bewirken, uns aufbauen und fröhlich stimmen. Das Gleiche gilt für Zeichen. Worte und Zeichen mit guter Wirkung nennen wir Segen. Der lateinische Begriff für Segnen ist *benedicere*. Das kann man übersetzen mit »Gutes wünschen«. Viele Religionen kennen den Segen. Gesegnet werden vor allem Menschen, aber auch Räume, Gegenstände wie Autos oder Computer, ebenso Tiere, das Land und das Essen. Der Segen, wie ihn das Christentum versteht, hat nichts mit Magie zu tun. Gesegnete Menschen stehen nicht unter einem mysteriösen Zauber, aber in einer engen Verbindung zu Gott.

Schon ein Gruß kann ein Segen sein: Wir wünschen uns keinen »schlechten Tag«, an dem alles schiefgehen soll, sondern einen »Guten Tag«, an dem alles gelingt. Wir wünschen uns Gutes, wenn wir einander sagen: »Schöne Ferien«, »Frohe Ostern«, »Mach's gut«. Wir singen am Geburtstag: »Viel Glück und viel Segen!« Wir sprechen vom »Kindersegen«, wenn sich ein Baby ankündigt. Und wir pusten auf eine kleine Verletzung den Wunsch: »Heile, heile, Segen«.

Stolperfallen – oder: Von und zu Gott reden

Wenn man sich im religiösen Bereich auf die Suche nach Antworten macht, gibt es zwangsläufig auch so etwas wie Stolperfallen – Dinge, die den Weg zu Gott mehr verstellen als eröffnen. Selbstbestimmung kann anstrengend sein, Freiheit kostet Mühe. Wenn man sich das, was man glauben möchte, aus einem sehr großen Sinnangebot aussuchen kann, wird man auch auf Formen und Ideologien stoßen, die unsere Sehnsucht nach Gott, nach Sinn, nicht erfüllen können. Daher ist es besonders wichtig, das, was man sich aussucht, auf »Herz und Nieren« zu prüfen.

Du sollst den Namen des Herrn nicht missbrauchen

Ich bin ein schlechter Untertan. Ich lasse mir nur ungern etwas sagen, ich schätze es nicht, wenn man mich erziehen will, ich möchte nicht, dass andere über mich verfügen. Ich meine, es gibt zu viele Vorschriften und Belehrungen in der Welt – und auch in der Religion. Man könnte wohl sagen: Ich habe ein »Autoritätsproblem«. Vielleicht liegt es daran, dass mein Vater gestorben ist, als ich noch ein Kleinkind von zwei Jahren war.

Wie auch immer: Ich war nicht bei der Bundeswehr; in der katholischen Kirche gab es für mich auch Schwierigkeiten, in Vereinen und Verbänden ecke ich immer wieder an mit meiner eigenen Meinung. Selbst gegenüber den Ansprüchen Gottes verhalte ich mich reserviert. Wenn es schon heißt: »Du sollst!«, erwacht in mir der Wunsch nach Selbstbestimmung.

Unter den Zehn Geboten (in der Bibel gibt es keine Zählung dieser teils selbstverständlichen Normen) finde ich durchaus solche, die ich sofort nachvollziehen kann: Es kann nicht jeder tun, was er will, es kann nicht jeder nehmen, was er begehrt, man sollte sich auf das Wort eines anderen verlassen können, die Generationen müssen solidarisch zueinander halten. Diese Spielregeln fürs Leben braucht jede Gesellschaft.

Doch besonders die ersten der Zehn Gebote sind ziemlich speziell auf Gott bezogen. Als Christ kann ich in der Sprache des Glaubens gut sagen: Gott hat den Menschen zehn Gebote gegeben und es liegt an uns, diese immer wieder neu zu interpretieren. Auf die Gefahr hin, dass man mich für einen Häretiker hält, als selbstdenkender Mensch sage ich eindeutig: Nicht Gott hat zehn Gebote erlassen. Menschen haben sie verfasst und aufgeschrieben. Sie wollten ihre Verhältnisse ordnen, sie wollten auch ihr Verhältnis zu Gott ordnen.

Nach dem Gottesbild der Hebräischen Bibel ist Gott einer, der seinen Namen geschützt haben will. Da heißt es: »Du sollst den Namen des Herrn, deines Gottes, nicht missbrauchen; denn der Herr lässt den nicht ungestraft, der seinen Namen missbraucht« (2 Mose / Exodus 20,7 und 5 Mose / Deuteronomium 5,11).

Einen Namen zu haben – das verstehe ich sofort – ist etwas Besonderes. Ein Mensch ist kein Massenprodukt, sondern ein unverwechselbares Individuum. Ausdruck der Würde des Menschen ist sein Name. Den Nachnamen erbt er von seiner Familie, den Vornamen wählen die Eltern für ihn aus. Mit anderen Worten: Unser Name fällt uns schicksalhaft zu. Der

Name ist von großer Bedeutung. Er kennzeichnet einen Menschen, wird eins mit ihm.

Ein Name kann auch zur Belastung werden. So können die Adolfs ja nichts dafür, dass der eine Adolf ihren Namen befleckt hat. Ein anderes Beispiel: Ich kenne einen evangelischen Pfarrer im Osten der Bundesrepublik, dessen Bruder ein Stasi-Mitarbeiter war. Nach seiner Enttarnung war auch der Name des Pfarrers in Mitleidenschaft gezogen.

Mancher ist mit seinem Namen nicht zufrieden. Es gibt beispielsweise Nachnamen, die wirklich eine Herausforderung darstellen, die uns sogar zum Lachen reizen. Dabei können die Namensträger nichts dafür. Als ich ein Kind war, haben wir dumme Streiche gespielt und beispielsweise bei einer Frau Pott bei uns im Ort angerufen. Wenn sie dranging, haben wir gesagt: »Hier spricht ihr Deckel!« Dann kannte ich eine Frau Wurst, einen Herrn Haßdenteufel, und auf einem Grabstein auf einem Düsseldorfer Friedhof las ich den poetischen Namen Hulda Bratfisch. Wenn man jedoch meinen Namen verhohnepiepelt, dann finde ich das gar nicht so lustig.

Ich freue mich, wenn mich Menschen mit meinem Namen ansprechen. Es ist auch eine Art der Missachtung, den Namen von jemandem nicht zu nennen, ihn etwa bei einer offiziellen Begrüßung zu übergehen. Wenn man über uns sagt, »die« oder »der«, dann reagieren wir möglicherweise gereizt: »Habe ich auch einen Namen?« Einen »guten Namen haben« meint: Vertrauen und Anerkennung zu genießen. Der Name bezeichnet uns, ihn auszusprechen macht einen Menschen gegenwärtig.

Ich könnte mir vorstellen, dass jene, die uns die Zehn Gebote überlieferten, auch von der Magie des Namens überzeugt waren. Deswegen war ihnen der Name Gottes heilig, sogar so heilig, dass man ihn besser gar nicht ausgesprochen hat.

Es wäre eine Sünde, Gottes Namen unbedacht zu nennen. Es wird in der Bibel sogar Strafe dafür angedroht. In der modernen jugendgerechten Übertragung, der sogenannten Volxbibel, lesen wir das Gebot so ausgedrückt:

> Du sollst vor meinem Namen Respekt haben!
> Du sollst ihn nicht verarschen,
> nicht damit rumspielen
> und ihn auch nicht für deine eigene Sache missbrauchen.
> Jeder, der so was tut, wird dafür bestraft werden.

Das ist freilich viel mehr als eine Übersetzung, sondern bereits eine Auslegung. In diese Richtung geht allerdings auch mein Denken. Wenn Erwachsene früher »Himmel, Arsch und Zwirn« schrien oder »Himmel, Herrgott, Sakrament«, dann war schnell klar: Sie sind so richtig wütend, denn den Himmel ins Schimpfen mit einzubinden, das zeugte bereits von Gewalt.

Ich meine, was für den Namen Gottes gilt, gilt dementsprechend überhaupt für das Wort »Gott«: Man kann damit auch fluchen, aber es passt noch für viele andere Gelegenheiten. Gott – ein Füllwort für alle Gelegenheiten: »Um Gottes Willen« klagt der liberale Minister, Polizisten behaupten, ihr Beruf sei »weiß Gott« kein Zuckerschlecken. »Ogottogott« ruft die Tante. Amerikanische Präsidenten pflegen ihre Reden mit »*God bless you*« zu beenden, auf dem US-Dollar, der die Welt regiert, heißt es »*In God we trust*«. Und die Koppelschlösser der Soldaten zierten einmal die Worte »Gott mit uns«. »Ach du lieber Gott« – »Leider Gottes« – »Pudding – der göttliche Genuss« ...

Gott – das scheint dabei oft nicht mehr als eine leere Verpackung zu sein, ein hohl klingender, bedeutungsloser

Laut. Wir führen Gott im Mund, obwohl es dabei kaum einmal wirklich um ihn geht. Wir gebrauchen das Wort so oft, dass wir es dadurch längst verbraucht haben. Das geht in Richtung Missbrauch.

Das ist aber keine Gotteslästerung. Ich bin überzeugt, wir können Gott gar nicht lästern – das hieße, zu klein von ihm und zu groß vom Menschen zu denken. Deswegen fand ich auch die Debatte, die ab und zu durch die Feuilletons geisterte, man müsse Blasphemie, also die Gotteslästerung, wieder stärker unter Strafe stellen, einfach absurd. Steht nicht jede Theologie in der Gefahr blasphemisch zu sein?

Wir leben in einer halbwegs aufgeklärten Gesellschaft des 21. Jahrhunderts. Die hat in der Tat darauf zu achten, dass die religiösen Gefühle innerhalb der Gesellschaft respektvoll geachtet werden. Aber wir müssen uns nicht dazu aufschwingen, Gott beschützen zu wollen. Wir dürfen ihn jedoch auch nicht benutzen. Im Namen des Volkes wird bei Gericht ein Urteil verkündet, im Namen des Vaters und des Sohnes und des Heiligen Geistes wird jeder Gottesdienst gefeiert. Was für eine Verantwortung: alles im Namen Gottes! Nun, da dürfen wir noch die Hoffnung haben, dass die Geistlichen aller Konfessionen gewissenhaft damit umgehen.

Doch wir wissen auch, was alles im Namen Gottes geschehen ist: Zu oft wurde und wird Gottes Name gebraucht, um Politik und Macht zu rechtfertigen. Zu oft wurde und wird der Name Gottes missbraucht, um die eigenen Interessen als die einer höheren Macht auszugeben und Kritik daran zu unterdrücken.

»Mit Gottes Segen« wurden Männer in Kriege und damit in den Tod geschickt. »In Gottes Namen« verbrannte man einst Frauen als Hexen. »Im Namen Gottes« ermordeten Gläubige die sogenannten Ungläubigen. »Zum Ruhme Gottes«

werden Attentate verübt, »nach Gottes Gebot« Menschen die Lust verboten. »Mit Gottes Hilfe« wird die Freiheit geraubt, »nach Gottes Willen« medizinische Hilfe verwehrt.

Ganz praktisch: Es gibt einflussreiche Menschen, die meinen, Frauen dürften in der Kirche kein Amt ausüben. Oder schwul zu sein sei gegen die Schöpfungsordnung. Sie empfinden sich dabei als Sprachrohr Gottes. Ich aber finde, dass sie nur ihre Ansicht als Gottes Ansicht verkünden. Das alles halte ich für einen Missbrauch von Gottes Namen! Nun verbietet das Erste Gebot nur seinen Missbrauch, nicht aber generell seinen Gebrauch.

Mut und Energie brauchen wir, um uns von einem oberflächlichen, sinn-losen Gebrauch des Wortes »Gott« zu befreien: Bedachtsamkeit einzuüben wäre ein Schritt zu einem glücklichen Leben und einem erfüllten Glauben. Bedachtsamkeit kann heißen: sich den Sinn der Worte, die man gebraucht, wieder bewusst zu machen. Von Gott nur zu sprechen, wenn wir dabei wirklich ihn meinen. Nicht den Namen missbrauchen – ein Anstoß, sich der Oberflächlichkeit zu verweigern, damit unser Verständnis von Gott wachsen kann.

Gott hat den Menschen nach unserer jüdisch-christlichen Überlieferung seinen Namen mitgeteilt. Er hat sich zu erkennen gegeben, sich ansprechbar gemacht. »Geheiligt werde dein Name«, beten wir im Vaterunser, das uns Jesus geschenkt hat. Gottes Namen nicht zu missbrauchen, sondern zu heiligen, das heißt kurz gefasst: Gott nicht zu missbrauchen, sondern ihn ernst zu nehmen, ihm in meinem Leben Raum zu verschaffen. Im Sinne der angemahnten Behutsamkeit habe ich vor Jahren einmal für mich formuliert:

Ich spreche nicht mehr über Gott,
verweigere mich dem Wahn,
jenen mit Worten packen zu können,
der sich dem Verstehen entzieht.

Begreiflich das Bedürfnis,
ihn definieren zu wollen,
damit er berechenbar wird,
ein verlässlicher Vertragspartner.

Theologie sagt nichts über Gott,
alles aber über die Glaubenden:
arme Seelen eben.
Ich spreche nicht mehr über Gott.

Doch gelegentlich noch mit ihm.

Manchmal besuche ich eine Quäkerandacht; da wird eine Stunde lang geschwiegen und wenigstens kein Unsinn über Gott erzählt. Da wird Gottes Name nicht missbraucht. Doch die meisten Glaubenden wollen über das sprechen, was sie bewegt. Und dann können sie eben nicht anders, als menschlich über Gott zu sprechen. Und das birgt die Gefahr, mit seinem Namen schlampig umzugehen.

Bedenken wir: Menschen mit viel Erfahrung im Glauben raten uns in Gottes Namen, den Namen Gottes umsichtig zu nutzen. Das kann ich – bei aller Kritik und persönlichen Meinung – gut annehmen, das leuchtet mir ein. Und zu den Erfahrungen der Glaubenden gehört eben auch der Name, mit dem sie Gott bezeichnen: Jahwe. Dieser Name ist sein Programm: »Ich bin der ›Ich bin da!‹« Und ein solcher Name bietet nun wirklich reichlich Stoff für Meditation, Austausch, Gebet, Predigt, Nachdenken.

Kurz, ich bin bereit, Gott ernst zu nehmen und als Autorität zu akzeptieren – weil Gott mich ernst nimmt, auch meine Anfragen, meine Meinung und Kritik. Meine Erkenntnis: Dieses Gebot zu halten, tut uns gut: Gott und den Glaubenden und mir selbst. Die Bibel drückt es harsch aus: »Du sollst den Namen Gottes nicht missbrauchen.« Ich höre daraus: »Sei vorsichtig, wenn du von Gott sprichst. Er ist es wert.«

»Ich bete jetzt – braucht noch jemand was?«

Der Junge liegt abends bereits im Bett. Da ruft er noch einmal in die Wohnung hinab: »Ich bete jetzt – braucht noch jemand was?« Diese charmante Begebenheit erzählte mir eine Bekannte von einem ihrer Söhne. Schmunzeln wir über die kindliche Naivität oder bewundern wir das Gottvertrauen des Burschen?

Eine verzwickte Situation erlebte ich selbst einmal in Rom. Ich weilte mit einer Wallfahrtsgruppe in der Ewigen Stadt; dabei suchten wir täglich mehrere Gotteshäuser auf. In manchen Kirchen kann man dort keine Opferlichter aus Wachs entzünden, weil der Ruß die kostbaren Innenräume verschmutzt. Stattdessen gibt es elektrische Kerzen, die für eine bestimmte Zeit leuchten, wenn man bezahlt hat. Während ich ein solches Lichtlein durch Münzeinwurf in Betrieb nahm, sprach mich eine Dame aus meiner Gemeinde an und fragte: »Sagen Sie mal: Elektrische Opferlichter, wirken die wie echte?« Meine Antwort, spontan und ehrlich, aber zugegebenermaßen nicht besonders pädagogisch: »Wie wirken denn echte?« Mit meiner Gegenfrage stürzte ich die Frau in tiefe Verwirrung ...

Sollte wirklich jemand annehmen, wir würden Gott zur Erfüllung eines Anliegens überreden können, indem wir ihm eine Kerze weihen und dafür einen Euro ausgeben? Das wäre letztlich die uralte Opferideologie, die sich durch die Jahrtausende und Kulturen zieht. »*Do ut des*«, »Ich gebe, damit du gibst«, lautete schon bei den Römern die Devise, wenn sie ihren Göttern opferten.

Die Vorstellung, dass Gott des Opfers bedarf, sich wenigstens seiner erfreut, scheint zeitlos. Ob dem aztekischen Huitzilopochtli, ob in China oder bei den Germanen: Menschenopfer waren einmal selbstverständlich, um Gott bzw. die Götter zu besänftigen und gnädig zu stimmen. Die Geschichte der verhinderten Opferung Isaaks erklärt dem Volk Israel, dass Jahwe keine Menschenopfer will. Zu einer großen Frage wurde dann im Christentum, ob der Tod Jesu als das letzte und endgültige Menschenopfer verstanden werden kann oder sogar muss oder ob diese Interpretation ein grobes Missverständnis des Sterbens Christi darstellt. Auf jeden Fall kannte das Volk Israel wie so viele andere Völker das Tieropfer: Tauben, Schafe, Rinder – was wertvoll und verfügbar war, wurde Gott dargebracht. Man gab dabei nicht etwas Überflüssiges oder Zweitrangiges. Die Tiere mussten makellos, das Opfer zu spüren sein! In Indien opfert man bis in unsere Tage Blumen und Früchte, von indigenen Völkern Amerikas kennen wir das Speiseopfer für Mutter Erde.

In der Religionsgeschichte lässt sich eine Tendenz beobachten: Religionen, die sich vom Glauben an viele Götter hin zum Glauben an einen Gott entwickeln (Monotheisierung), verlagern ihre ursprüngliche Wertschätzung des korrekt vollzogenen Opfers auf ein »richtiges Leben«, steigern also die ethischen Anforderungen an die Gläubigen. Damit geht dann eine Vergeistigung des Opfers einher: Man opfert Gott einen Verzicht, beispielsweise auf Nahrung durch Fasten für eine bestimmte Phase oder durch grundsätzliche Absage an Fleisch oder Alkohol. Man opfert ihm die Sexualität durch den Zölibat oder ein Keuschheitsgelübde. Man opfert Gott Zeit oder Vergnügungen, die Karriere oder erlittene Drangsal. Auch Werke der Buße können Gott angeboten werden: Geldspenden, Askese, Selbstkasteiung bis zu den Blasen an den Füßen, die der Pilgerweg nach Santiago fordert. Im vierten und fünften Jahrhundert verbrachten einige Mönche ihr Leben auf Säulen sitzend, im guten Glauben, Gott damit einen besonderen Dienst zu erweisen. Der Prophet Jesaja wettert bereits im ersten Kapitel seines Buches gegen die herkömmliche Opferpraxis: »Was soll mir die Menge eurer Schlachtopfer? spricht der Herr. Brandopfer von Widdern und Fett von Mastkälbern habe ich satt. Das Blut von Stieren und Böcken bin ich leid. Wenn ihr kommt, mein Angesicht zu schauen – wer hat von euch verlangt, dass ihr meine Vorhöfe zerstampft? Bringt mir nicht dauernd vergebliche Gaben, ihr Rauch ist mir ein Gräuel. Neumond und Sabbat und der Ruf zu Festversammlungen – ich ertrage Feier und Fest nicht länger! Eure Neumonde und Festzeiten hasst meine Seele, sie sind mir zur Last geworden. Ich bin es müde, sie zu ertragen. Und wenn ihr eure Hände ausbreitet, dann verhülle ich meine Augen vor euch. Mögt ihr noch so viel beten, ich höre nicht hin. Eure Hände sind voll Blut. Wascht und reinigt euch! Schafft eure schlechten Werke aus meinen Augen! Hört auf, Böses zu tun!« (Jesaja 1,11–16).

Psalm 51, 19 hat den Opfergedanken völlig ins Abstrakte überführt: »Mein Opfer, o Gott, ist ein reuiger Sinn; ein Herz voll Demut und Reue wirst du, o Gott, nicht verschmähen.«

Und Paulus mahnt im Römerbrief (12,1), nicht weniger als sich selbst Gott zu opfern: »Ich ermahne euch also, Brüder, angesichts des Erbarmens Gottes, euch leiblich als lebendiges, heiliges, Gott wohlgefälliges Opfer darzubringen, als euren geistigen Gottesdienst.« Im Hebräerbrief (13,15) lesen wir: »Durch ihn also wollen wir Gott allezeit ein Lobopfer darbringen, nämlich die Frucht der Lippen, die seinen Namen preisen.« Im Anschluss daran dichtet Paul Gerhardt in seinem Lied »Die güldne Sonne«:

> Lasset uns singen,
>
> Dem Schöpfer bringen
>
> Güter und Gaben,
>
> Was wir nur haben,
>
> Alles sei Gotte zum Opfer gesetzt.
>
> Die besten Güter
>
> Sind unsre Gemüter,
>
> Dankbare Lieder
>
> Sind Weihrauch und Widder,
>
> An welchen er sich am meisten ergötzt.

Im Umgang mit Gott spielt, nicht nur im Christentum und Judentum, das Opfer eine zentrale Rolle, oft im Sinn eines Tauschhandels: Für das dargebrachte Opfer wird eine Gegenleistung erwartet, nämlich die Erfüllung der vom Opfernden vorgebrachten Anliegen oder auch nur das allgemeine Wohlwollen Gottes seinen Geschöpfen gegenüber. Auch ich bin immer wieder versucht, mit Gott solche Deals auszuhandeln. Aber dann vergegenwärtige ich mir die reformatorische Erkenntnis: Allein durch Gnade sind wir gerettet. Wir können uns von Gott nichts erkaufen. Er liebt uns, deswegen ist alles Geschenk.

»Erbarmen will ich, nicht Opfer«, fordert Jesus (Matthäus 9,13). Ins Zeug legen soll ich mich also für die Sache Gottes, das heißt: zum Wohl aller Geschöpfe. Dann könnten wir unsere »Opfer« als eine gelungene Antwort begreifen, als freiwillige Gabe aus Liebe, ohne die Absicht der Beeinflussung.

Immerhin bringt der Opfergedanke eine zutiefst religiöse Empfindung zum Ausdruck, nämlich einerseits das Bewusstsein, in engen Grenzen zu leben und auf Hilfe angewiesen zu sein. Andererseits das Vertrauen, dass Gott weiter, größer, stärker ist und auf das Leben der Opferbringenden Einfluss nehmen kann.

Engelwelten

Die Dimension der Orientierung auf Gott hin ignoriert das zeitgenössische Phänomen der »Wünsche an das Universum«. Diese Bewegung beruft sich gar auf die Quantenphysik und propagiert, alle Wünsche des Menschen könnten allein durch seinen Willen in Erfüllung gehen. Die Autorin Bärbel Mohr erklärt in ihrem Buch, »wie man sich den Traumpartner, den Traumjob oder die Traumwohnung und vieles mehr einfach ›herbeidenken‹ und quasi beim Universum ›bestellen‹ kann«.

Da sich nun offensichtlich unsere Welt nicht so präsentiere, dass alle Menschen wunschlos glücklich seien, liege es am Menschen selbst, seine Anliegen korrekt, das heißt: konkret zu formulieren, so die Autorin. Auf einer einschlägigen Homepage im Internet lernt der Wünschende, man müsse »dem Universum, Gott, den Engeln, seinen Geisthelfern und dem eigenen Unterbewusstsein mitteilen, was und wie man es haben will«. Damit die Wunscherfüller aber genau verstünden, was sie zu tun hätten, habe man es auch genau zu formulieren, und zwar so, als wäre die Erfüllung bereits eingetreten. Denn: »Auf der göttlichen Schöpferebene gibt es immer nur die JETZT-Zeit.« Die erste der darauf folgenden Zehn Goldenen Regeln lautet: »Formulieren Sie Ihren Wunsch in der Gegenwartsform, so, als hätten Sie es bereits erhalten oder das Ziel bereits erreicht. Also nicht: ›Ich will ein Haus mit Swimmingpool‹, sondern: ›Ich habe ein Haus mit Swimmingpool‹. Im ersteren Fall würde die Engelswelt glauben, Sie wollten den Zustand erreichen, ein Haus zu wollen!!! Nur im zweiten Fall kann der Wunsch von der Engelswelt richtig verstanden werden.« (Andreas Rebmann)

Im diesem Trend bewegt sich auch die so genannte Engelreligion, die davon ausgeht, dass die unsichtbare Wirklichkeit von Engelwesen bevölkert wird, deren einzige Aufgabe es ist, die Menschen zu beschützen, zu bewahren und zu führen. Interessant scheint mir, dass dieser Glaube unabhängig vom Glauben an Gott existieren kann. Das mag aus der jüdisch-christlichen Tradition heraus zunächst überraschen.

Die Religionen der Sumerer, Babylonier, Ägypter, Griechen und Römer kennen Engel als geflügelte Boten der Götter. Das Wort griechische Wort *angelos* bedeutet: Bote. Ähnlich ist es in der Vorstellungswelt der Bibel, die von den Engeln als Diener Gottes, aber auch als »Heilige«, als »Söhne Gottes« und »Heer Jahwes« spricht. Die Aussagen der Schrift zu Wirken und Sein der Engel sind sehr unsystematisch. Demnach gibt es eine Hierarchie der Engel (Cherubim, Seraphim und Erzengel), doch können Engel auch »fallen« und zu sündigen Dämonen werden. Über ihr Aussehen haben sich die Menschen zu allen Zeiten verschiedenste Bilder gemacht: von starken Männern oder schönen Frauen über geschlechtslose Wesen bis hin zu niedlichen Kindern, den Putten.

Die jüdisch-christliche Theologie hat immer daran festgehalten, dass die Engel als von Gott geschaffen unter ihm stehen. Sie versehen Aufgaben, die Gott ihnen zuteilt. Wenn von Engeln die Rede ist, verweist die moderne Verkündigung gerne darauf, dass alle Glaubenden aufgerufen sind, die Eigenschaft der Engel nachzuahmen, nämlich den göttlichen Willen zu erfüllen. Dieser Entmythologisierung steht das Bedürfnis nach Begegnung mit »Existenzen der anderen Art« entgegen, welches sich in einem Boom von Engeldarstellungen in verschiedensten Lebensbereichen äußert.

Die Engel, von denen die Bibel erzählt, treten auf, wenn es ernst wird, beispielsweise in der Szene, in der Maria verkündet wird, dass sie ein Kind erwartet, und auch bei der Geburt Jesu und nach seiner Auferstehung werden sie erwähnt. Das Alte Testament kennt ebenfalls viele Engelgeschichten. Die Engel trösten hier und ermutigen, aber sie können auch ganz anders: Da wäre der Engel, der den Eingang zum Paradies kontrolliert, oder jener, der sich Bileam mit einem Schwert in den Weg stellt. Ein Engel bringt Hiob schlechte Neuigkeiten; Lot wird von einem gewarnt; Jakob kämpft sogar mit einem Engel, wobei er sich einen Hüftschaden zuzieht. Aber er wird auch gesegnet.

Auf jeden Fall sind Engel nach der Bibel nicht ohne Gott denkbar, höchstens noch als seine Widersacher, wenn es gefallene Engel sind. Eine völlige Entkoppelung vom Glauben an Gott ist mir fremd, aber ich muss feststellen: Sie ist möglich. Der Engelglaube vermag Menschen, die vom herkömmlichen Christentum nicht (mehr) erreicht werden, gut zu tun und Entlastung zu verschaffen. Das könnte damit zusammenhängen, dass die Engelreligion einfach und klar ist und nur positive Aspekte kennt, während das Christentum als kompliziert wahrgenommen wird und mit Forderungen an die Glaubenden herantritt.

Gedanken über das Jenseits

Als ich eine Witwe, deren Mann ich als freier Trauerredner zu beerdigen hatte, fragte, ob wir denn ein Vaterunser beten sollten, antwortete sie: »Nein, das passt nicht, der Friedrich und ich, wir glauben ja nicht an Gott.« Und bevor ich irgendwie reagieren konnte, setzte sie seufzend nach: »Ich freue mich so darauf, den Friedrich wiederzusehen.«

Mein erster Impuls war der Gedanke: Wie kann das denn zusammengehen? Ein jenseitiges Leben ist für mich mit der Existenz Gottes kombiniert, oder, wie es beim Bücherversand immer heißt: »Kunden, die dieses kauften, haben auch jenes bestellt.« Aber man muss dem Vorschlag ja nicht folgen. Offensichtlich kann man sehr wohl auf eine Existenz nach dem Tod hoffen, ohne auf Gott zu vertrauen, der in dieses ewige Leben hineinruft.

Notabene: Ich plädiere für Toleranz und Respekt anderen Weltanschauungen gegenüber; mir ist daran gelegen, dass wir das Fremde und Ungewohnte nicht gleich als Bedrohung empfinden, sondern erst einmal als »anders« hinnehmen. Doch selbstverständlich müssen wir deswegen diese Vorstellungen nicht automatisch teilen. Ich halte beispielsweise nichts von esoterischen »Bestellungen beim Universum«, von einer Engelreligion oder einer Jenseitshoffnung ohne Gott. Ich setze dagegen das, was ich von Gott erfahren und verstanden habe, um eine Formulierung von Frère Roger Schutz aufzugreifen. Ich bemühe mich im offenen Dialog zu bleiben mit Ansichten, die von meinen abweichen, es sei denn, die Grenzen der friedlichen Koexistenz sind durch gewaltbereite, inhumane, ungerechte Ansichten meines Gegenübers überschritten, schlimmstenfalls sogar religiös motiviert. Wer etwa behauptet, Gott befürworte die Verfolgung Andersgläubiger und ziehe mit den Seinen in den Krieg, dem widersetze ich mich. Dann kämpfe ich für meine Sicht und suche Verbündete.

Bei Mama schmeckt's am besten – oder: Was es beim Blick über den Tellerrand alles zu entdecken gibt

Warum Purismus arm macht

»Sprachpurismus« – dieses hübsche Fremdwort steht für das Bemühen, eine Sprache »rein« zu halten: Man will fremde Einflüsse abwehren. Deutsche Sprachpuristen kämpfen vor allem gegen zu viele englische Begriffe im Deutschen. Dennoch sagen die allermeisten Menschen nicht »Rechner«, sondern Computer.

Sprachpuristen also haben etwas gegen Fach- und sogar Lehnwörter, die aus anderen Sprachen in unsere »eindringen«. Den Willen, solche fremden Wörter durch deutsche zu ersetzen, mag man als rührend anerkennen, doch er ist naiv. So sind beispielsweise aus dem Lateinischen unzählige Fremdwörter in unsere deutsche Sprache aufgenommen worden. Doch auch zahlreiche Alltagswörter sind aus lateinischen Wurzeln hervorgegangen, wie etwa Engel, Fenster, Kaiser, Karren, Kerker, Küche, Mühle, Pfeil, Pfahl, Pflaster, Straße wie auch die Früchte Birne, Pflaume und Pfirsich. Worte wie Kirche, Bischof und Teufel gehen auf das Griechische zurück, Amt, Eisen oder Reich auf das Altkeltische. Das Wort Deich und viele Wörter aus dem Bereich des Schiffsbaus und der Seefahrt kommen aus dem Niederländischen, der Begriff Dolmetscher ist türkischen Ursprungs. Aus dem Französischen haben wir Wörter wie fein, Tanz und Teller, der tschechischen Sprache verdanken wir das Wort Roboter (Fronarbeiter). Der Bungalow geht auf ein Wort aus der Hindi-Sprache zurück, die Tomate auf ein aztekisches. Ketchup stammt aus dem Chinesischen, Sauna ist finnischer und Glocke altirischer Herkunft. Das Wort Samstag hängt mit dem hebräischen Schabbat zusammen.

Jene, die mit Leidenschaft die deutsche Sprache »rein« halten wollen, müssen erkennen: Die Sprache hat sich gern und oft bei anderen bedient. Ein »fremdes« Wort geht dann in unseren Wortschatz ein, wenn es von den Sprechenden angenommen wird. Und es wird angenommen, wenn es seine Aufgabe bewältigt – nämlich eine Sache einfach und klar zu bezeichnen.

Ist das im Bereich der Religion anders? Warum können also »fremde« Anschauungen oder Riten überhaupt Einfluss im Christentum gewinnen? Vielleicht, weil auch sie ihre Aufgabe bewältigen, nämlich eine Erkenntnis oder eine Zusage zu vermitteln, für die es bisher keinen angemessenen Ausdruck in Wort oder Zeichen gab.

Was die Kirche von der Küche lernen kann

Ein anderes Beispiel: Als Kind war ich selbstverständlich davon überzeugt, meine Mutter sei die beste Köchin der Welt. Ihre Hefeklöße – ein Genuss! Ihre Reibekuchen (rheinische Kartoffelpuffer) – wunderbar lecker! Außerdem probierte sie schon in den Siebzigerjahren Rezepte aus, die damals im kleinbürgerlich-vorstädtischen Milieu noch unbekannt waren. Weil eine meiner Schwestern einen italienischen und eine andere einen französischen Freund hatte, bereicherten schon damals Gerichte aus diesen Länder unseren Speiseplan. Pizza wird von Kindern heute wohl für ein deutsches Essen gehalten, sie hatte aber einmal den Hauch des Außergewöhnlichen. Mehr noch die Quiche Lorraine oder die Vinaigrette, gab man doch damals in Düsseldorf eine Soße aus Zwiebeln, Zitronensaft und Büchsenmilch über den Salat ... Und erst das Auberginengemüse! Die Anregung dazu brachten wir von einer Tour nach Istanbul mit nach Hause.

Mir fiel als Kind schon auf, dass man in anderen Haushalten anderes aß. Als meine Mutter schon lange mit mediterranen Kräutern verfeinerte, gab es bei Klaus zu Hause nur Salz und Pfeffer. Im einen Haushalt meiner Schulkameraden schienen mir die Nudeln zu labbrig, im anderen der Kartoffelsalat mit zu wenig Mayonnaise angemacht. Bei Mama schmeckte es doch am besten. Aber dann verwirrte mich die Qualität der Speisen bei Tante Rosemarie. Es schmeckte herrlich. Und der Marmorkuchen bei Stefanies Geburtstag war so gut, dass ich davon sieben Stücke verputzte (die Mutter meiner Klassenkameradin fürchtete, ich müsse zu Hause hungern). Erkenntnis: Auch andere Frauen können kochen und backen! Wenn es mir jedoch anderswo gut schmeckte, würde ich dadurch nicht meiner Mutter untreu? So habe ich das freilich als Knirps nicht formuliert, weil mir die Sprache dazu fehlte, aber das Gefühl war da: Verrat!

Ist es nun auch Verrat, wenn Christen in anderen Religionen etwas entdecken, was ihnen den Zugang zu Gott erschließt, wenn sie in Zeugnissen aus »fremder« Glaubenswelt Nahrung für die eigene Seele finden?

An der Klagemauer des Tempels in Jerusalem spürte ich die Gegenwart Gottes. Als ich in der Türkei still in den Moscheen saß und betete – sprach ich da zum Vater Jesu Christi oder zu Allah? Am Aphroditefelsen auf Zypern empfand ich eine von Transzendenz erfüllte Atmosphäre. Im buddhistischen Tempel in Indien ging mir ein Licht auf über mich selbst – stammte diese Erkenntnis von Buddha oder von Christus? Auf den Ganges setzte ich Blütenblätter mit einem Lichtchen, ein sakraler Akt der Hingabe. Galt er den Göttern Indiens oder meinem Gott, der mir das Leben gab? Wie seltsam solche Fragen anmuten ...

Zurück zu unserem Ernährungsverhalten. Es ändert sich ständig. Es gab Zeiten, da man in deutschen Landen Getreidegrütze zu Mittag aß. Die Einführung der Kartoffel war eine bahnbrechende Revolution, von der wir bis heute profitieren. Eine Küche ohne Tomaten und Zucchini, ohne Oliven und Olivenöl wollen wir uns doch gar nicht mehr vorstellen. Hamburger, Döner, Falafel, Sushi, Chili con Carne, das sind alles keine »urdeutschen« Speisen wie das Sauerkraut, aber doch längst selbstverständliche Gerichte unseres Alltags. Der neue Trend reduziert das Fleisch oder is(s)t sogar vegan. Der Mensch lässt sich immer was Neues einfallen.

Nur in der Religion darf sich nichts ändern, da muss alles so »schmecken« wie früher. Vor allem, wenn man entdeckt – um im Bild zu bleiben –, dass nicht nur die Mutter kochen kann, sondern man sich sogar selbst darauf versteht. Auch der Glaube bedarf eines »Updates«, wie Klaus-Peter Jörns treffend formulierte. Bei diesem Update wird man alles einbauen, was für den Glauben sinnvoll und förderlich ist – auch wenn es nichtchristlichen Ursprungs sein sollte.

»Christlich« ist kein Qualitätsmerkmal

Immer noch hält sich die Gleichung, »christlich« zu sein bedeute, ein guter Mensch zu sein. Im besten Fall ist das auch so. Doch zeigen die Geschichte und auch unsere alltägliche Erfahrung eindrücklich, dass es Christen gibt, die – im Sinn der christlichen Ethik – keine guten Menschen sind.

Dafür finden wir selbstverständlich auch gute Menschen in anderen Religionen oder unter den Nichtgläubigen.

Der Anspruch an moralisches Handeln ist größer als die Wirklichkeit – was den Anspruch an sich nicht mindert! Schon Jesus gab den Rat, der bis heute nichts von seiner Aktualität eingebüßt hat:»Tut und befolgt also alles, was sie euch sagen, aber richtet euch nicht nach dem, was sie tun; denn sie reden nur, tun selbst aber nicht, was sie sagen« (Matt 23,3). Jesus meinte die Pharisäer und Schriftgelehrten seiner Zeit, doch diesen Typ Moralapostel gibt es immer und überall, und jeder, der im Dienst der Verkündigung steht, gerät in den Konflikt, mehr zu fordern, als er selbst halten kann. So ergeht es dem ganzen Christentum, das Liebe verkündet, aber nicht immer Liebe lebt. Das gilt genauso für die anderen Religionen, die alle einen ethischen Kanon entwickelten.

Mit einem Freund diskutierte ich die Frage, ob Religionen den Menschen nützen oder schaden. Die Geschichte lässt kein einheitliches Urteil zu: Religionen können einmal Triebkräfte des Humanismus sein, ein andermal das Gegenteil. Ich musste eingestehen, dass die Menschenrechte nur zu oft gegen die etablierten Religionen durchgesetzt wurden. Der Philosoph Alfred North Whitehead stellte bereits 1926 resigniert fest:»Die Geschichte liefert bis in unsere Tage hinein einen melancholischen Bericht über die Gräuel, die mit der Religion einhergehen können: Menschenopfer und insbesondere das Abschlachten von Kindern, Kannibalismus, Sinnesorgien, schauderhafter Aberglaube, Hass zwischen den Völkern, die Beibehaltung erniedrigender Bräuche, Hysterie, Fanatismus, sie alle können ihr zur Last gelegt werden. Religion ist die letzte Zuflucht menschlicher Grausamkeit. Die unkritische Gleichsetzung von Religion und Güte wird durch schlichte Fakten direkt widerlegt. Religion kann das Hauptinstrument des Fortschritts sein und ist es auch gewesen. Wenn wir aber das gesamte menschliche Geschlecht in Betracht ziehen, müssen wir betonen, dass es sich im Allgemeinen nicht so verhalten hat.«

Religion ist ein soziales Phänomen, das heißt, Religion entfaltet sich in Gemeinschaft mit anderen Gläubigen. Diese Gruppenerfahrung dient der Krisenbewältigung – der Gläubige muss nicht allein die Mühen des Lebens bewältigen. Die Weltreligionen wollen aber darüber hinaus im Herzen jedes Einzelnen verankert sein. Und erst dann, wenn ihre Ideen in der Seele eines Menschen Platz gefunden haben, vermögen sie ihre sinnstiftende Wirkung zu entfalten.

Doch Religion ist auch mehr als reine Privatsache. Der Philosoph Jürgen Habermas verwies auf das Missverständnis der Aufklärung, die meinte, Religion sei zu zerstören, da sie der Entwicklung der Moderne im Wege stehe. Doch nicht die Vernichtung der Religion sei erstrebenswert, sondern sie dazu zu befähigen, ihre Aufgabe in der wissenschaftlichen Zivilisation neu zu erfüllen. Und zu dieser Aufgabe gehöre auch, dem schleichenden Nachlassen »der knappen Ressource Sinn« entgegenzuwirken«.

»Was bleibt, wenn der Glaube flötengegangen ist?«, fragte mein Freund noch. Der Hedonismus, also Lustgewinn um jeden Preis, »Hauptsache, mir geht's gut?« Das bisschen Macht, das wir ergattern, wenn wir uns beruflich verausgaben oder ein Pöstchen bekleiden? Die vage Hoffnung, in Kindern und Enkeln weiterzuleben? Ich konnte meinem Freund kaum weiterhelfen, da ich ja glaube, da Gott für mich die alles bestimmende Instanz ist, der ich mich vertrauensvoll ausliefere. Im Übrigen meinte ich, auch er sei (noch?) nicht an diesem Punkt, denn die Frage »Was bleibt?« allein zeuge schon von der Sehnsucht nach etwas, das Halt gibt und Sinn. Wir Christen sagen dazu »Gott«.

»Tradition ist eine Laterne, der Dumme hält sich an ihr fest, dem Klugen leuchtet sie den Weg«

Der Glaube wird von vielen Zeitgenossen immer noch als ein Hort der Tradition angesehen. In dieser schnelllebigen Welt gilt die Religion als Garant für Beständigkeit. Da läuft man nicht jeder Mode hinterher wie in der Musik oder der Kunst.

Im Prinzip ist das auch richtig. Das Christentum ist eine Erinnerungsreligion. In Lehre und Liturgie vergegenwärtigen wir das Vergangene. Was Jesus sagte, galt eben nicht nur vor zweitausend Jahren, es gilt auch heute. Jetzt. An diesem Tag, in dieser Stunde. Die Botschaft bleibt. Das Evangelium als die Gesamtheit der Guten Nachricht von Gott, die Christus für diese Welt hat, ist schon da. Aber wie wir das Evangelium heute verstehen, wie wir es ausdrücken, wie wir es transportieren, verkündigen und fruchtbar machen, das ist dem Wandel der Zeiten unterworfen.

Das Zitat in der Überschrift stammt von George Bernhard Shaw und bringt es auf den Punkt: Wären wir heute noch auf dem Stand der Medizin von vor zweitausend Jahren, würden wir an einer Blinddarmentzündung sterben. Zur Zeit Jesu lautete eine typische Diagnose bei Krankheiten: Schuld. Wir können uns glücklich schätzen, dass die Wissenschaft zwischenzeitlich neue Erkenntnisse gewonnen hat und wir viele der alten Ansichten überwunden haben. Daher meine ich: Auch die Theologie muss hinter sich lassen, was nicht mehr passt. Sie sollte sich weit öffnen für Gottes Geist, der auch in nichtchristlichen Kulturen weht. Für uns Christen genügt der Weg Christi, doch trauen wir Gott mehr zu, als nur einen Weg zum Heil. So spricht Gott selbst: »Ich ließ mich fragen von denen, die nicht nach mir verlangten, ich ließ mich finden von denen, die mich nicht suchten« (Jesaja 65,1).

Neue Antworten auf alte Fragen finden – oder:
Was Menschen heute wirklich brauchen

Der Humanist Erasmus von Rotterdam machte sich einmal über die Fachsprache der Theologen lustig: »Selbst ich muss bisweilen darüber lachen, dass sich die Theologen erst dann als vollkommen betrachten, wenn sie in ihrem garstigen Kauderwelsch so konfuses Zeug zusammenreden, dass sie höchstens ein Verrückter verstehen kann; denn was der Menge unverständlich ist, halten sie für den Gipfel des Scharfsinns.«

Wie hätte Erasmus wohl Karl Barth kommentiert? Der große Protestant forderte: »Wir sollen als Theologen von Gott reden. Wir sind Menschen und können als solche nicht von Gott reden. Wir sollen beides, unser Sollen und unser Nicht-Können, wissen und eben damit Gott die Ehre geben.« Und, noch schärfer: »Nie wird Ehrfurcht und Demut vor Gott etwas anderes sein wollen als Hohlraum, Entbehren und Hoffen.« Diese Einsicht hielt Barth nicht davon ab, dicke theologische Wälzer zu verfassen, aber ihm blieb das Bewusstsein, im Vorläufigen zu agieren. »Denn als Glaubende gehen wir unseren Weg, nicht als Schauende«, gibt schon Paulus zu bedenken (2 Kor 5,7). Ich meine nicht, dass wir, um aufrichtig bleiben zu können, nur abstrakt von Gott reden sollten. Wir brauchen anschauliche Bilder, wie sie uns die Mythen zur Verfügung stellen. Bei Beerdigungen kann ich vom verheißenen ewigen Leben sprechen, von einem nicht enden wollenden Sein in Fülle in der Gegenwart Gottes – oder aber mit einer Formulierung von Arno Pötzsch, dem evangelischen

Dichter und Pfarrer, meinem Vertrauen Ausdruck verleihen, dass niemand tiefer fallen kann als in Gottes Hand.

Theologie – gibt's die auch in alltagstauglich?

In unserem irdischen Leben ist alles möglich, wenn auch nicht wahrscheinlich. Doch die Erfahrung von Glück und Erfolg wie auch von Unglück und Misserfolg dürfte jeder Mensch machen. Wir können vom Blitz getroffen werden, einen Sechser im Lotto haben, Minister werden, unfruchtbar bleiben, Opfer eines Verbrechens oder selbst Täter werden. Mit dieser prinzipiellen Offenheit unserer Existenz umzugehen, sie anzuerkennen, das müssen wir lernen. Die Soziologie nennt das Kontingenzbewältigung. Der Glaube an Gott kann dazu beitragen, die Angst vor dem Leben loszulassen und hoffnungsvoll seine Zeit zu gestalten.

Der Glaube wird durch Theologie geprägt. Theologie hat die Option (als eine Art poetischer Therapie der Lebensangst), segensreiche Wirkung zu entfalten. Aber sie kann natürlich auch anders: Sie kann einen Glauben verkünden, der Menschen Furcht einflößt vor dem strengen Gott – einem Monstrum, das all seine Gedanken liest und in die tiefsten Falten seiner Seele blickt. Schmerzhaft-fesselnd beschrieb der Psychoanalytiker Tilmann Moser in seinem Buch »Gottesvergiftung« diese Erfahrung.

Nach entgifteten Bildern, nach neuen Namen für Gott suchte der Theologe Paul Tillich und bezeichnete Gott als das, »was uns unbedingt angeht«. Dass Gott uns Menschen auch heute, im 3. Jahrtausend, unbedingt angeht, ist die Basis unseres Glaubens. Doch davon zu sprechen, ist nicht leichter geworden, denn die Botschaft des Glaubens wird in eine zerrissene Zeit hineingesprochen. Um dies zu illustrieren, stellen wir uns den Mittagstisch einer Konfirmationsgesellschaft vor: Maja, die frisch eingesegnete Jugendliche, sitzt am Kopfende, daneben ihre Mutter, die Mitglied der evangelischen Kirche ist, aber seit ihrer eigenen Konfirmation nur noch zu Hochzeiten, Taufen und Beerdigungen am kirchlichen Leben teilnimmt. Der von der Mutter geschiedene Vater auf der anderen Seite ist Katholik, der aus der Kirche ausgetreten ist, seine ebenfalls anwesenden Eltern praktizieren allerdings ihren Glauben und engagieren sich in ihrer Pfarrei. Von den Großeltern mütterlicherseits lebt nur noch die Oma, die Mitglied im Bibelkreis einer Freikirche wurde, weil ihr die Landeskirche zu lau erschien. Der neue Mann der Mutter ist nicht getauft und hat auch keinerlei Bezüge zur Religion. Er ist kein Atheist, aber als jemand, der in Cottbus (zu Zeiten der DDR) aufwuchs, ein »Nicht-Theist«, wie einmal der Theologe Eberhard Tiefensee jenen Typ der nicht religiös sozialisierten Menschen bezeichnete. Die Patentante unserer frisch konfirmierten Maja ist Vaters Schwester, eigentlich katholisch, aber sehr schwankend, da ihr Freund Hüseyin Muslim ist; sie erwägt aus praktischen Gründen seinen Glauben anzunehmen. Papas neue Freundin gibt sich buddhistisch, wenn sich auch ihr Wissen um diese Kultur auf das Abbrennen von Räucherstäbchen und die Lebenshaltung »Der Weg ist das Ziel« begrenzt. Übrigens singt sie im ökumenischen Gospelchor mit. Bleibt noch Majas großer Bruder, der Religion für großen Quatsch hält. Und unsere Hauptperson Maja? Ihr Entschluss, sich konfirmieren zu lassen, gleicht einem Konglomerat aus Motiven: Sie will der Mama entgegenkommen, die sich irgendwie eine Weiterführung der Familientradition wünscht; sie beugt sich Omas sanftem Druck; sie widersteht der Opposition des Bruders nach dem Motto:

»Jetzt erst recht!«; sie hofft auf die Finanzierung des ersehnten Mofas; und sie spürt, da ist etwas, das sie unbedingt angeht ... Ist diese Darstellung wirklich überzeichnet? Unsere Realität ist multiplex, die Saat von Gottes Wort fällt auf Neugier, Tradition, Gleichgültigkeit, Fremdheit, Ablehnung und noch vieles mehr.

Es gibt ein kluges und abgehobenes Reden von Gott wie im Labor: klinisch rein, nichts lenkt ab, alles läuft unter optimalen Bedingungen ab. Sterile Theologie – davon hat niemand etwas. Sobald das Reden von Gott aber in konkreten Situationen geschieht, müssen wir alle Randkoordinaten mit einbeziehen. Das wissen Seelsorgerinnen und Seelsorger, wenn sie vor der Aufgabe stehen, in bestimmte Lebenssituationen hinein den Glauben ins Wort zu bringen. Das Wie dieses Sprechens hängt dabei davon ab, ob wir mit Kindern, Jugendlichen, Erwachsenen oder sehr alten Menschen reden. Und davon, ob unser Gegenüber glücklich oder leidend ist, ob es differenzieren kann oder von schlichtem Gemüt ist, ob zwischen uns ein Vertrauensverhältnis besteht oder mein Gegenüber ablehnend auf mich reagiert. Mannigfache Kriterien sind also zu beachten.

Da fragt zum Beispiel einer, wie er einen gnädigen Gott findet. Wie kommt er überhaupt auf diese Frage? Doch allein die Botschaft von der Gnade kann ihn beruhigen. Da bangt jemand um einen Verstorbenen, der ein Dreckskerl gewesen ist. Doch die Vorstellung vom Fegefeuer als letzter Chance mag ihn trösten. Eine findet keinen Zugang zum Vatergott, aber von der Muttergottes fühlt sie sich angenommen und geliebt.

Unsere theologischen Ansichten, von der Heiligkeit der Kirche über den Grundsatz »Allein die Schrift« bis zur Sakramentenlehre, entstanden aufgrund spezifischer Probleme der Epochen, in der sie auftauchten, und einst gaben sie auch Antwort darauf. Ob sie jedoch heute noch in der Lage sind, als angemessene Antwort zu dienen, da die ursprüngliche Frage oft nicht mehr besteht oder sich für Menschen heute nicht mehr stellt, müssen wir diskutieren. Als Menschen können wir nur menschlich von Gott denken. Doch Obacht, so spricht der Herr: »Denn meine Gedanken sind nicht eure Gedanken, und eure Wege sind nicht meine Wege.« (Jes 55,8).

Warum es bei schwierigen Fragen auch einen schwierigen Gott braucht

Wenn jeder selbst entscheidet, was er glaubt, dann liegt es an uns, einzuüben, mit dieser Vielfalt umzugehen. Als ich beispielsweise mit meiner Frau Urlaub am Bodensee machte und wir an einer katholischen Messfeier teilnahmen, zelebrierte ein sympathischer junger Priester mit langen Haaren, ein übrig gebliebener Hippie. Er sprach so liebevoll von Jesus, als wäre der sein Kumpel. Er verkündete einen Kuschelgott, der mir ungleich näher war als ein ferner Weltenrichter. Und doch blieb in mir ein »Geschmäckle«: Ist Gott so putzig?

Der »liebe Gott« hat sich in den letzten Jahrzehnten durchgesetzt und den harten Himmelsherrscher des Mittelalters, der noch bis in die 60er-Jahre des 20. Jahrhunderts unser Gottesbild prägte, abgelöst. Der Gott von heute ist cool, nachsichtig, hat für alles Verständnis. Er sagt: Ich bin o.k., du bist o.k. Er scheint die Devise auszugeben: Tu, was du willst, meine Liebe ist größer und stärker und weiter als alles. Lauter gute Nachrichten, die wir gern hören, die uns wohltun. Doch warum bersten dann unsere Kirchen nicht von den Scharen, die es dorthin drängt, wo man so schöne Sachen hört?

Selbstverständlich bin auch ich überzeugt: »Gott ist die Liebe« (1 Joh 4,8). Und die Liebe ist wichtiger als alles andere, sogar wichtiger als der Glaube und die Hoffnung, das lernen wir bei Paulus: »Jetzt bleiben Glaube, Hoffnung, Liebe, diese drei; doch am größten unter ihnen ist die Liebe« (1 Kor 13, 13). Menschliche Liebe vermag schon Unglaubliches zu bewegen, wie viel mehr erst die göttliche! Und doch: Die Liebe ist auch kompliziert. Gerade weil ich meine Kinder liebe, erfülle ich ihnen nicht jeden Wunsch. Aus meiner Ehe weiß ich, dass Liebe Nähe und Distanz braucht. Ich liebe meine Familie anders als meine Freunde, nicht mehr oder weniger, eben anders. Ist auch die Liebe Gottes nuanciert?

Natürlich ist mir bewusst: Wenn die Bibel vom eifersüchtigen, zornigen, schweigenden Gott spricht, dann drücken sich darin menschliche Erfahrungen mit einer bestimmten Seite von Gott aus. Doch diese Erfahrungen sind uns Heutigen ja nicht fremd. Wer ist, nachdem er die Diagnose Krebs bekommen hat, vor der Frage gefeit: Warum ich?

Wenn Gott allmächtig ist und die Menschen liebt, warum greift er dann nicht ein? Das alte Problem der Theodizee – Gott muss sich rechtfertigen! Wer schafft den Menschen Recht, den Hungernden und Verfolgten, den Flüchtlingen und Opfern von Epidemien und Naturkatastrophen? Da verstummt die Rede vom »lieben« Gott.

Und wie sieht es mit der Schuld aus, für die wir verantwortlich sind? Oder gibt es sie nicht, weil wir gar nicht anders können, als zu sündigen? Das haben wir eben von Adam geerbt ... Von dem Psychoanalytiker Viktor Frankl habe ich einmal gelesen, er sei, wie in den Siebzigern in den USA üblich, in die Gefängnisse gegangen, um mit den Häftlingen zu sprechen. Die seinerzeit übliche Methode war die Relativierung, sprich: Man erklärte den Vergewaltigern, Räubern und Mördern, sie seien letztlich selbst Opfer der Verhältnisse geworden, schließlich sei die Mutter Prostituierte und der Vater ein Säufer gewesen. Frankl aber hielt dagegen und ermutigte die Verbrecher, zu ihren Taten zu stehen, schließlich hätten ihre Verbrechen keinem Automatismus unterlegen. Sie hätten sich für ihre Taten entschieden. Und siehe: Die Gefangenen dankten ihm. Denn Frankl nahm sie ernst und gab ihnen die Chance, ihre Schuld abzubüßen.

Wenn beim himmlischen
Hochzeitsmahl
dann eitel Sonnenschein herrscht
und alle, alle schunkeln
Anne Frank neben Adolf Hitler –
überforderst du dann nicht die Opfer?
Gott,
nimmst du unser zerbrechliches
Leben hier und heute
denn ernst?

Diesen Text schrieb ich als junger Mann. Nun bin ich dem katholischen Theologen Otmar Fuchs dankbar, dass er sich eines so ungeliebten Themas wie dem des Gerichts am Ende der Zeiten annimmt. Der Glaube daran ist dem allgemeinen Kirchenvolk abhanden gekommen und um die mittelalterlichen Höllenfantasien ist es auch nicht schade. Doch ging, indem das Glaubensbild vom Gericht aufgegeben wurde, nicht auch etwas anderes verloren? Eine Hoffnung auf Gerechtigkeit? Fuchs sagt in einem Publik-Forum-Interview, es gehe »im Gericht Gottes nicht darum, die Gläubigen von den Ungläubigen zu trennen und Letztere in die Hölle zu stoßen. Es geht nicht um Glaube oder Unglaube, sondern um die Unterscheidung von Gut und Böse. In der Rede vom Weltgericht im Matthäusevangelium werden gute Taten eingeklagt, vom Glauben ist hier nicht die Rede. Religion hat nur dann einen Wert, wenn man sie an den Früchten erkennt, an der Solidarität mit den von Not und Krankheit Betroffenen.« Fuchs macht also deutlich, Glaube fordert etwas von uns. Man könnte vielleicht sagen: Wenn du ein Christ bist, soll man es auch merken.

Die Überlieferung des Christentums ist Legion. Da dürfen und müssen wir aussortieren. Entrümpeln. Und doch Acht geben, dass wir nicht ein uns genehmes Puppenstubenchristentum zusammenzimmern. Von einem gezähmten Handtaschengott will niemand etwas wissen. Eine Pfarrerin klagte, beim Seniorenadventskaffee habe sie sich solche Mühe gegeben, von der Menschwerdung Gottes, diesem unfassbaren Liebesbeweis, zu sprechen. Man hörte ihr geduldig zu. Doch als dann die Trachtengruppe »Heidschi Bumbeidschi« sang, da sei die Rührung über die alten Damen und Herren gekommen. Darauf braucht die Pfarrerin nicht neidisch zu sein. Religion soll sich gar nicht auf die Spendung von Sentimentalität reduzieren lassen. Religion soll auch nicht nur unterhalten, das können andere besser. Starke Gefühle spielen im Glauben eine Rolle, er kann Spaß machen, aber es gibt immer noch ein verstörendes »Mehr«. Wir können nicht alles machen und auch nicht alles verstehen. Der Glaube konfrontiert uns mit unserer Begrenztheit, in dem wir Gott ahnen.

»Bin ich ein Gott nur aus der Nähe – Spruch des Herrn – und nicht vielmehr ein Gott aus der Ferne?« (Jeremia

23,23). Gott ist anders. Mitunter schwer auszuhalten. Theologie wird an kein Ende kommen, solange Menschen sich mühen, die Erfahrungen ihres Lebens mit der Erfahrung, dass da ein Gott ist, zusammenzubringen. Solange sie das tun, können sie mit Paulus sprechen: »O Tiefe des Reichtums, der Weisheit und der Erkenntnis Gottes! Wie unerforschlich sind seine Entscheidungen und wie unaufspürbar seine Wege!« (Römer 11, 33).

Innerhalb der Kirche kein Heil?

Ich kenne Menschen, die mit der realen Kirche nichts zu tun haben, aber große Stücke auf sie halten – als Bewahrerin der Werte in diesen unsicheren Zeiten. Der Witz ist, dass diese Leute sich kaum selbst an eben jene Werte halten, die die Kirche propagiert, es aber notwendig finden, dass sie überhaupt von irgendjemandem artikuliert werden. Eine solche Einstellung deklassiert das Christentum zu einer kulturellen Komponente. Es ist wie mit alten Kirchen: Sie zu konservieren ist wichtig, aber wichtiger ist das Leben in diesen Gotteshäusern, sonst werden sie zu Museen, die man bestaunen mag, die mit dem eigenen Alltag jedoch herzlich wenig zu tun haben. Haben sie aber! Kirche ist nicht nur wichtig, sondern notwendig. Kirche ist mehr als eine vage Idee, sie ist Realität. Viele Millionen Christen auf der ganzen Welt prägen sie, wobei ich Kirche immer als Gesamtheit aller Konfessionen verstehe.

Kirche kann Gläubigen eine Heimat sein, in der sie in ihren Glauben hineinwachsen, ihn besser verstehen, ihn feiern, Anregungen bekommen, ihn umzusetzen und vor allem mit anderen Christen zu teilen. Das ist nicht wenig. Der französische Theologe Alfred Loisy meinte denn auch seinen Ausspruch letztlich im guten Sinn: »Jesus verkündete das Reich Gottes, gekommen ist die Kirche.« Dass Jesus wirklich eine Kirche gründen wollte, eine Glaubensinstitution, darf ernsthaft bezweifelt werden. Aber nun ist sie doch einmal da! Die Kirche ist bei Weitem noch nicht das Reich Gottes und man darf sich nicht mit ihr zufriedengeben, aber sie ist immerhin ein Anfang.

Allerdings ist vielen Christinnen und Christen, besonders in der westlichen Welt, ihre Heimat Kirche fremd geworden. Die Kirchenaustritte summieren sich jedes Jahr auf Hunderttausende. Die Gründe dafür sind sehr unterschiedlicher Natur und reichen vom Wunsch, die Kirchensteuer zu sparen, bis zu echtem Verlust des Glaubens. Neu war zuletzt das Bedürfnis, sich von einer Institution zu distanzieren, die lange Zeit lieber die Priester schützte als die Kinder, die von ihnen missbraucht wurden. Die meisten Austritte stehen aber am Ende ganz gewöhnlicher schleichender Entfremdung.

In Deutschland gehen weit unter zehn Prozent der Katholiken und Protestanten am Sonntag in den Gottesdienst. Wer über lange Zeit keinen Kontakt zu seiner Gemeinde hat, weder am Gottesdienst noch an anderen Veranstaltungen teilnimmt, wem die institutionalisierte Religion nichts gibt, der kann aus der Kirche austreten, wie er aus dem Sportverein austritt, der sich erst durch den Einzug des Mitgliedsbeitrages bemerkbar macht. »Außerhalb der Kirche kein Heil«, dieser theologische Hammer hat seine drohende Wirkung längst eingebüßt. Die Frage stellt sich eher umgekehrt: Finden Menschen innerhalb der Kirche ihr Heil? Oder steht die Kirche dem Heil im Weg, weil sie sich zu viel mit sich selbst beschäftigt und die Frage nach Gott vernachlässigt?

Die rund 90 Prozent der »Fernstehenden« oder der »Randgemeinde« müssen aber doch Gründe für ihr Verbleiben haben. Der Weihnachtsgottesdienst? Der Wunsch nach Amtshandlungen am Lebensanfang und -ende? Die Sorge, sonst keinen Kindergartenplatz zu bekommen? Bei Vorgesprächen zu Taufen und Hochzeiten habe ich erfahren: Menschen wollen zu besonderen Anlässen natürlich den besonderen Rahmen, wie ihn nur die Kirche bieten kann: Orgelmusik, Glockengeläut, das ganze »Ambiente mit Flair«. Aber das greift zu kurz. Sie suchen in der Kirche mehr, auch wenn sie keine Sprache dafür haben. Sie suchen Schutz, Segen, Halt, Anbindung, letztlich Gott. Selbst wenn ihre Vorstellungen mitunter magisch sein sollten: Als Kirche müssen wir dieses Sehnen ernst nehmen. Und ich habe Gespräche mit Menschen geführt, die wieder in die Kirche aufgenommen werden wollten, einfach nur, um irgendwo dazuzugehören.

Ein befreundeter Pfarrer regte sich bei einem Glas Wein auf, den Weihnachtsgottesdienst würde er am liebsten ausfallen lassen, da kämen ja nur Leute, die sonst nicht zu sehen seien. »Die finanzieren dein Gehalt«, konterte ich, »und dein Gemeindezentrum.« Und was wissen denn wir, was diese Leute im Gottesdienst am Heiligen Abend aufnehmen? Wir können nicht in ihre Seelen blicken.

Dass am Tag nach Weihnachten der Besuch wieder rapide abnimmt auf den kläglichen heiligen Rest, dass wir Kinder zur feierlichen »Letztkommunion« führen oder Jugendliche aus der Kirche »herauskonfirmieren«, das darf uns nicht kalt lassen. Peter L. Berger fordert die Theologen auf, »sich in der empirisch gegebenen Situation des Menschen nach etwas umzusehen, was man Zeichen der Transzendenz nennen könnte. Und ich behaupte, dass es prototypisch menschliches Verhalten gibt, Gebaren, Gebärden, Gesten, die als solche Zeichen anzusehen sind. Zeichen der Transzendenz nenne ich Erscheinungen der ›natürlichen‹ Wirklichkeit, die über diese hinauszuweisen scheinen.«

Die Kirche verwendet solche Transzendenzzeichen, von denen Berger spricht, in ihren Sakramenten und Kasualien. Es handelt sich dabei um wiederholbare Rituale, die einer gewissen Ordnung unterworfen sein müssen, um nicht der blanken Subjektivität ihrer Spender zum Opfer zu fallen. Sie müssen für die Gläubigen deutlich erkennbar sein. Doch selbstverständlich gibt es auch ganz persönliche Transzendenzzeichen: Das kann eine Mahlzeit sein, die den Himmel öffnet; die Erfahrung von Sinnlichkeit, die Verschmelzung spüren lässt; ein Naturerlebnis auf dem Gipfel oder am Meer, wo man sich Gott so nah fühlt wie noch nie. Gotteserfahrung wird nicht über die Institution Kirche zugeteilt. Die von ihr angebotenen Rituale verlieren eher an Zuspruch, leider, denn in ihnen liegt großes Potenzial, Menschen diesen Weg zu ebnen.

Die Kirche leidet seit Jahrzehnten an einem enormen Macht- und Bedeutungsverlust. Volkskirche war gestern. Für die Überzeugungskirche braucht es überzeugende Argumente. Die Kirche hat ihren Mehrwert zu beweisen. Die »Aufgabe« der Kirche? Wir sollten die Kirche nicht aufgeben! Sie birgt heilige Schätze und steckt voller Chancen.

Glauben kann man nicht messen

»Prüft alles, behaltet das Gute« – das bedeutet im Umkehrschluss, dass wir das Nicht-Gute nicht annehmen müssen. Doch was ist gut und was nicht? Ist alles, was wir nicht verstehen, was uns nicht plausibel erscheint oder irgendwie altmodisch vorkommt, bereits »nicht gut«? Aus meiner eigenen

Glaubenserfahrung weiß ich, dass ich zeitweise darunter gelitten habe, einige Glaubensinhalte einfach nicht glauben zu können. Ich fürchtete früher: Wenn ich das eine oder andere nicht glaube, dann geht bald alles verloren! Im Credo während des Gottesdienstes ließ ich dann die entsprechenden Zeilen weg und schwieg stattdessen. Heute kann ich wieder den ganzen Text mitsprechen, auch wenn ich nicht jedes Wort als mein eigenes ansehe. Aber ich schätze den Wert der Überlieferung. Ich sehe vollkommen ein, dass nicht ich allein die ganze Tradition des Christentums in mich aufnehmen kann. So bewahre ich die alten Worte und ehre sie als wertvolle Poesie des Glaubens, als menschliches Bestreben, das Geheimnis in Worte zu fassen.

Es bleibt aber für viele Christen problematisch, etwas bekennen zu sollen, mit dem sie nicht übereinstimmen. Hier plädiere ich für Weite: Der Glaube ist größer als der Einzelne. Doch der Einzelne muss sich im Glauben wiederfinden und zu Hause fühlen. »Bin ich noch eine Christin?«, fragte mich eine besorgte Frau, für die Jesus ein wunderbarer Mensch war, aber eben nicht der Sohn Gottes. Aber natürlich ist sie eine Christin, das macht ja gerade das Christentum aus, dass wir gemeinsam darum ringen, wie wir Jesus von Nazaret und sein Evangelium heute verstehen können. Ein treuer Kirchgänger bekannte mir, er glaube nicht an die Auferstehung und fragte mich, ob er noch zur Kommunion gehen dürfe. Warum denn nicht? Der Glaube soll durch dieses Leben tragen! Was uns jenseits der Schwelle erwartet, wissen wir einfach nicht. Doch ich gab dem Mann gegenüber auch meiner Hoffnung Ausdruck (die allerdings Schwankungen unterworfen ist), dass Gott uns über die letzte Grenze trägt. Manchmal muss eben der eine für den anderen mitglauben.

Es gibt Christen, die nie einen Gottesdienst besuchen und sich für alles Religiöse nicht zu interessieren scheinen. Doch wer kann in einen Menschen hineinschauen? Nur Gott. Der sieht vielleicht, wie ein flüchtiger Gedanke der Dankbarkeit einem Gebet gleicht. Glauben kann man nicht messen wie Körpergewicht.

Die Liebe zu Gott sei die Triebfeder eines jeden Menschen, ist sich der nicaraguanische Priester und Dichter Ernesto Cardenal sicher. In den Augen aller Menschen wohne eine unstillbare Sehnsucht, ob sie nun Kinder oder Greise seien, liebende Frauen, Mörder, Angestellte, Revolutionäre oder Heilige. In allen wohne der gleiche Funke unstillbaren Verlangens, der gleiche unendliche Durst nach Glück und Freude – eben die Liebe zu Gott. Cardenal sagt: »Um dieser Liebe willen werden alle Verbrechen begangen und alle Kriege gekämpft, ihretwegen lieben und hassen sich die Menschen. Um dieser Liebe willen werden Berge bestiegen und die Tiefen der Meere erforscht, für sie wird geherrscht und intrigiert, gebaut und geschrieben, gesungen, geweint und geliebt. Alles menschliche Tun, sogar die Sünde, ist eine Suche nach Gott, nur sucht man Ihn meistens dort, wo er am wenigsten zu finden ist. ... Überall suchen wir Gott, auf Festen und Orgien und Reisen, in Kinos und Bars, und doch finden wir Ihn einzig und allein in uns selbst. In jedem Innern leuchtet die gleiche Flamme, brennt der gleiche Durst. ... Der unstillbare Hunger der Diktatoren nach Macht und Geld und Besitz ist in Wirklichkeit Liebe zu Gott. Der Liebende, der Forscher, der Geschäftsmann, der Agitator, der Künstler und der kontemplative Mönch, alle suchen sie dasselbe, nämlich Gott und nichts als Gott.«

Aus dieser Liebe zu Gott gehen Glaubende dann neue Wege. Im Credo etwas wegzulassen genügt eben nicht. Da bleibt dann eine Leerstelle, ein Vakuum, das sich mit neuen Inhalten, Worten oder Ausdrucksformen füllen will. So lehnen manche die christliche Auferstehungslehre ab, halten aber eine Wiedergeburt nach östlichem Verständnis für möglich. Dabei ist zu bedenken, dass die Wiedergeburt für Hindus und Buddhisten nicht erstrebenswert ist, sondern nur eine Stufe, um an das eigentliche Ziel zu kommen, nämlich die Erlösung vom Selbst und sein Verwehen, Verlöschen im Nirwana. Für diese Erlösung ist der Mensch selbst verantwortlich; es liegt in seiner Hand, niemand kann ihm helfen. Dafür hat er unendlich viele Anläufe frei, den Kreislauf der Wiedergeburten verlassen zu können. Da bin ich doch gern ein Christ und lasse mich allein aus Gnade erlösen.

Wer ist der »Hirte« in meinem Leben?

Wir Christen sind es gewohnt, selbstverständlich von Jesus als dem guten Hirten zu sprechen. Wenn Jesus mein Hirte ist – dann bin ich das Schaf. Und oft genug bin ich wirklich dumm wie ein Schaf, da laufe ich in der Herde mit, da blöke ich mit den anderen im Chor. Zwischen Hirte und Schaf besteht kein partnerschaftliches Verhältnis. Der Hirte führt das Schaf. Das Schaf ist von ihm abhängig. Ich aber will autonom sein, ich will selbst bestimmen. Ich lasse mir von anderen nicht so gern etwas vorschreiben. »Selbst denken!« – so hat Margot Käßmann die Botschaft der Reformation zusammengefasst.

Wer selbst denkt, hat der überhaupt einen Hirten nötig? Man könnte auch fragen, wonach richte ich mich in meinem Leben aus? Wer besitzt für mich wirklich Autorität? Was sind die Leitlinien meiner Existenz? In der bildreichen Sprache der Bibel: Welchem Hirten vertraue ich mich an?

Manchmal will ich am liebsten selbst mein Hirte sein! Mein Wohlergehen bestimmt alles. Mich leitet nur zu oft der Hunger nach Erfolg, nach Macht, nach Geld. Dabei weiß ich genau, das sind schlechte Hirten, wie der Mietling, der die Schafe im Notfall im Stich lässt (Joh 10,12f.). Diese Hirten gehen einem verlorenen Schaf nicht nach. Jesus tut es.

Ich brauche einen Hirten, einen, dem ich nachgehen kann, denn die Fixierung auf mich selbst ist absurd. Natürlich sind wir alle abhängig von vielen anderen. Absolute Autonomie ist eine Illusion. Als Glaubende können wir die Erfahrung machen: Wer sich Gott als dem guten Hirten anvertraut, der erfährt Befreiung: Er muss nicht mehr um sich selbst und seine kleines Glück kreisen. Wer es wagt – und das muss man einüben –, seine Selbstbezogenheit zu überwinden, wer sich Gott als dem guten Hirten anvertraut, dem eröffnet sich eine ungeheure Weite.

Selbstgestrickt

Viele aber können mit dem Symbol des Hirten nichts anfangen. Ein anderes Bild genießt weit größere Popularität, jenes des Buddha. Buddhafiguren sind mittlerweile in jedem Gartencenter und Einrichtungshaus zu erwerben, in allen Größen und Preisklassen, aus Plastik, Gips, Holz oder Bronze. Warum stellen sich die Leute so etwas in die Wohnung – und warum kein Bild des guten Hirten oder gar ein Kruzifix? Welche Bedürfnisse bedient der Erleuchtete? Ist es die Verheißung von Ruhe, Frieden und Harmonie, die er ausstrahlt? Dabei bietet der historische Buddha diese entspannte Lebenshaltung nicht zum Nulltarif an, sondern erwartet strikte Selbstdisziplin. Doch sein Bild anzuschauen tut wohl.

In einem großen Versandhaus sind Titel wie »Mit Buddha das Leben meistern«, »365 Tage Ruhe und Gelassenheit«, »Mit Buddha zu innerer Balance« ein Renner, ebenso wie das Deko-Set »Zen-Buddha« – bestehend aus Buddha-Figur, drei Räucherstäbchen mit Rosenduft, Teelichthaltern und Flusskieseln.

Yoga-Kurse boomen seit Jahren, selbst in der Katholischen Frauengemeinschaft. Diese Übungen vermögen eine Körpererfahrung und Konzentration zu vermitteln, die die traditionelle christliche Kultur nicht im Angebot hatte. Ebenso ist es mit Zen, der japanischen Form des Buddhismus, die Leerheit und Vollendung verspricht. Das Ritual der indianischen Schwitzhütte schenkt ein unmittelbares Erleben, kein abstraktes.

Längst ist eine religiöse Anarchie ausgebrochen. Die Menschen glauben, was sie wollen, und sie bedienen sich dort, wo sie Nahrung finden für ihre Seele. Ob Engel oder Buddha, der Fundus der Religionen bietet ein reichhaltiges Programm. Christen, die sich ihren eigenen Glauben zusammenstricken und dabei auch synkretistisch (also vermengend) vorgehen, hören nicht automatisch auf, Christen zu sein. Sie verstehen sich darauf, das Gute ihrer Herkunftsreligion mit dem Guten, das sie anderswo entdecken konnten, zu kombinieren. Wiedergeburtslehre und Marienlieder scheinen sich auf den ersten Blick zu widersprechen; im Alltag der Glaubenden aber führen sie eine friedliche Koexistenz. Im Pantheon der Einzelnen haben viele Götter Platz.

Nicanor Parra, ein chilenischer Dichter, der sich selbst als »Anti-Poet« bezeichnet, fasst den Wunsch nach individueller Glaubensausprägung in ein Gedicht:

Umbenennungen

Den Freunden der schönen Literatur
Wünsche ich alles Gute,
Ein paar Dinge benenne ich um.

Meine Position ist folgende:
Der Dichter hält nicht Wort,
Wenn er die Namen der Dinge nicht ändert.

Mit welchem Recht heißt die Sonne
Weiterhin Sonne?
Miezekatz soll sie heißen,
Die mit den Vierzigmeilenstiefeln!

Meine Schuhe sehen aus wie Särge?
Dann sei gesagt, von heute an
Heißen die Schuhe Särge.
Man halte fest, gebe kund und zu wissen:
Die Schuhe haben ihre Namen geändert,
Fortan heißen sie Särge.

Nun denn, die Nacht ist lang,
Jeder Dichter, der etwas auf sich hält,
Braucht sein eigenes Wörterbuch.
Und eh ich's vergesse,
Auch der Name Gottes ist zu ändern.
Soll jeder ihn nennen, wie er will:
Das ist die Sache eines jeden selbst.

Das traditionell verfasste Christentum betrachtet einen solchen Individualismus mit Sorge, wenn es ihn nicht sogar als Irrlehre verdammt. Die Reaktion: eine Offensive der Doktrin. Die aber erreicht nur diejenigen, die ohnehin über kirchliche Kanäle zu erreichen sind wie Gottesdienst, Unterricht, Vorträge oder Publikationen.

Interessanterweise sind aber vor allem die religionssoziologisch als »Kirchennahe« bezeichneten Menschen anfällig für den Synkretismus einer Patchworkreligion. Die Religionswissenschaftlerin Annette Wilke fasst Ergebnisse einer breiten soziologischen Erhebung, des Religionsmonitors 2008, so zusammen: »Außerchristliche Spiritualität findet sich auch innerhalb der christlichen Kirchen, ... viele Kirchenmitglieder konstruieren ihre eigenen Theologien, die sich auch aus nicht-christlichem Gedankengut speisen, autonom. Christliche Identität und Zugehörigkeit zur katholischen und protestantischen Kirche spielen durchaus noch eine eminente Rolle, ohne dass dabei ein Widerspruch empfunden wird.«

Weiterhin führt sie aus, dass die Glaubenden sowohl innerchristlich wie außerchristlich in ihrer persönlichen Weltdeutung zu einem nicht unbedeutenden Teil (22 %) aus unterschiedlichen Traditionen schöpfen: »Es herrscht eine große Offenheit gegenüber anderen Religionen und alternativen religiösen Auffassungen (82 %), und die Meinung, alle Religionen hätten einen ›wahren Kern‹ (63 %), ist generationenübergreifend erstaunlich weit verbreitet.«

Das sind doch erfreuliche Ergebnisse! Und sie zeigen, dass gerade die religiösen Menschen innerhalb der Kirchen angemessene Symbole für ihren Glauben suchen. Trotz des Absolutheitsanspruchs des Christentums spüren sie, dass das Mysterium Gottes größer und weiter ist.

Das Schiff, das sich Gemeinde nennt, nicht untergehen lassen – oder: Kirche heute

Es gibt sie noch, aber sie sind eine aussterbende Art: Menschen, die sich in die vorgegebenen Glaubenssysteme vollkommen einfügen. Die mit allem zufrieden zu sein scheinen. Die ihr Leben in den vorgegebenen Rahmenbedingungen einer institutionalisierten Religion gut aufgehoben wissen. Vielleicht gehört Alois Glück, der Präsident des Zentralkomitees der deutschen Katholiken, dazu. In seiner Rede auf der Vollversammlung des ZdK im April 2013 (»Bericht zur Lage«) heißt es: »Vieles deutet darauf hin, dass die Religion auch in der modernen Gesellschaft weiter ihre Rolle hat und nachgefragt wird. Gleichzeitig steigt aber der Anteil der Menschen, die persönlich keine Bezüge und kein Verständnis mehr für die Rolle der Religion, der Kirchen und für religiöse Ausdrucksformen und die Präsenz der Kirchen in der Gesellschaft haben. Dies äußert sich zunehmend auch in aggressiven Gegenpositionen.«

Es wäre interessant zu erfahren, wie es zu dieser Situation gekommen ist. Sind die Menschen für den Verlust der Bezüge und des Verständnisses verantwortlich – oder die Religion und die Kirchen, die Alois Glück als identisch anzusehen scheint? Und sollte diese Entfremdung auf Entscheidung der Menschen beruhen: Liegen die Gründe in der Realität der Glaubenspraxis oder in einer nicht mehr nachvollziehbaren Glaubenslehre? Oder in beidem?

Kirche heute – der »heilige Rest«
und die vielen Frustrierten

Wir finden innerhalb der Kirchen Millionen Christinnen und
Christen, die von Gottes Geist berührt sind, die sich in den
kirchlichen Strukturen mit Zeit, Energie und Geld engagieren, darunter Menschen aller Gesellschaftsschichten, mit
unterschiedlichen Bildungsniveaus, verschiedenen Begabun-
gen und variierender Intensität der Nähe zur amtlichen Lehre. Aber unter ihnen sind zahlreiche frustriert, weil sie täglich hautnah erleben, wie in der Kirche Anspruch und
Wirklichkeit auseinanderfallen, wie das kirchliche Leben oft
nur aufrecht erhalten werden kann gegen offizielle Weisungen, wie die Bedürfnisse der Ortsgemeinden ignoriert werden.

Das ist vor allem ein drängendes Problem der katholischen Konfession. Da üben Leute »Kritik aus Liebe«, weil
ihnen die Kirche das wert ist. Sie sehnen sich nach substan-
ziellen Fortschritten im Dialog mit dem, was abwertend »Zeit-
geist« genannt wird, aber die Gesellschaft und vor allem
junge Menschen prägt. Sie warten ungeduldig auf echte
Reformen und wollen sich nicht mit Vertröstungen zufriedengeben, die allein dem Machterhalt der Institution dienen. Sie
hungern nach wahrhaftiger Übereinstimmung von Leben und
Glauben: Sie wollen Frauen als Diakoninnen, Priesterinnen
und Bischöfinnen. Sie wollen mit ihren evangelischen
Schwestern und Brüdern nicht heimlich, sondern ganz ehrlich
das »Brot des Lebens« teilen. Sie wollen nicht, dass Geschiedene oder Schwule diskriminiert werden. Sie wollen, dass ihr
Pfarrer offen zu seiner im Verborgenen gehaltenen Frau stehen kann. Sie wollen, dass vor Ort demokratisch (und nicht
von kirchlichen Behörden) entschieden wird, was gut für die

Gemeinde ist. Sie formulieren keine Wünsche mehr, sondern stellen Forderungen!

Diese Christinnen und Christen, die am Reich Gottes mitbauen, möchte ich zu heiligem Ungehorsam ermutigen, nicht länger auf den St. Nimmerleinstag zu warten, an dem alles besser werden soll, sondern hier und heute zu handeln, auch gegen die Anweisung aus Rom oder vom Ortsbischof, denn – frei nach Apostelgeschichte 5,29 –: Man muss Gott mehr gehorchen als der Kirche.

Im Vergleich zur Menge der Unglücklichen kämpft nur eine Handvoll praktisch für Veränderungen, bündelt Forderungen, zeigt Alternativen auf, was schon alles möglich, was schon alles Wirklichkeit ist – trotz der rigiden und oft verlogenen Linie von oben, die vieles mit der Macht der Tradition abblocken will. Nur gemeinsamer Protest, gemeinsames Handeln könnte grundlegende Änderungen herbeiführen. Warum nicht auch »Streik«, »Boykott« und das massenhafte Bekenntnis, nicht der vorgegebenen Linie zu folgen? Ohne Regelübertretung kann heute katholische Kirche vor Ort nicht mehr funktionieren – ein kranker Zustand, der der Heilung bedarf. Allein: Es mangelt an Solidarität untereinander, am Ende gewinnt der Gehorsam – oder die Gleichgültigkeit.

Natürlich provoziere ich hier, um deutlich zu machen, dass man offen über die Probleme sprechen muss und dass Schweigen Verrat an der Zukunft der Kirche bedeutet. Auch der Protestantismus steht vor gravierenden Herausforderungen. Es wird viel geredet in der Kirche, aber zu viel über Organisation, zu wenig über das, was die Menschen wirklich angeht. Ich wünschte mir einen Dialog der Pfarrgemeinderäte und Presbyterien, der Verbände und Vereine, der kleinen Initiativen und Einzelkämpferinnen und -kämpfer, natürlich der Seelsorgerinnen und Seelsorger, die bestens wissen, »was abgeht«, aber bisher aus Angst oder Bequemlichkeit den Mund halten. Man kann doch kirchenkritisch sein und dabei kirchenbejahend! Ich rufe niemanden zum Austritt auf, sondern zur Veränderung, damit die Menschen nicht mehr austreten!

Kein Ja und Amen

Es gibt auch andere, die haben mit der Kirche gar kein so großes Problem. Weil sie sie gar nicht mehr ernst nehmen. Oder weil sie gar nicht ahnen, wie sehr sie sich im Widerspruch zur offiziellen Haltung befinden.

Mit Jugendlichen, die sich auf die Firmung vorbereiteten, machte ich vor Jahren ein kleines Experiment. Ich legte ihnen das Apostolische Glaubensbekenntnis auf einem Plakat vor. Sie sollten ausschneiden, woran sie nicht glauben. Es fiel mehr weg, als übrig blieb. Der Text schrumpfte auf wenige Zeilen zusammen:

Ich glaube an Gott.
Und an Jesus Christus,
seinen eingeborenen Sohn,
gelitten unter Pontius Pilatus,
gekreuzigt, gestorben und begraben,
hinabgestiegen in das Reich des Todes.

Ich glaube an den Heiligen Geist
und das ewige Leben.

Da fehlte eine Menge! Folgende Sätze waren entsorgt worden: »den Vater, den Allmächtigen, den Schöpfer des Himmels und der Erde, [Jesus Christus] unsern Herrn, empfangen durch den Heiligen Geist, geboren von der Jungfrau Maria, am dritten Tage auferstanden von den Toten, aufgefahren in den Himmel; er sitzt zur Rechten Gottes, des allmächtigen Vaters; von dort wird er kommen, zu richten die Lebenden und die Toten. [Ich glaube an] die heilige katholische Kirche, Gemeinschaft der Heiligen, Vergebung der Sünden, Auferstehung der Toten.«

Mit einem solchermaßen ausgedünnten Credo hätte die Christenheit keine zweitausend Jahre überstehen können. Ich meine wirklich nicht, dass wir alles auslassen sollten, was wir nicht nachvollziehen können. Ich meine aber, hier wird deutlich: Der Glaube braucht neben der Formel vor allem die Erfahrung, denn die Jugendlichen waren keine Ungläubigen. Sie fanden nur in den alten Worten keinen angemessenen Ausdruck für ihren Glauben.

Das geht nicht nur jungen Leuten so. Vielen Gläubigen aller Altersgruppen fällt es schwer, »Amen« zu sagen, »so ist es«: zur Dreifaltigkeit, zur Göttlichkeit Jesu, zur Jungfräulichkeit Mariens, zur Auferstehung der Toten, zum Jüngsten Gericht, zur Bibel als Wort Gottes, zur Heiligkeit der Kirche ... Manche haben grundlegende Glaubensfragen und lassen sich nicht mehr mit vorgestanzten Antworten abspeisen. Denn nicht alle können so gelassen hinnehmen, dass ihre Kirche einen Gott verkündet, der ihnen nichts mehr sagt, wie es Logan Pearsall Smith hinreißend ironisch beschreibt: »Ich habe meine Anfälle von Anglikanismus, und wie ich an jenem Sonntagnachmittag in dem Inneren der Londoner Kirche aus dem 18. Jahrhundert saß und den ausdruckslosen Stimmen lauschte, die einen korrekten Gottesdienst psalmodierten, überkam mich die behagliche Gewissheit, dass wir nicht Gefahr liefen, irgendwelchen unziemlichen Bekundungen religiöser Inbrunst zu erliegen. Wir waren hier nicht zusammengekommen, um uns mit überschwänglichen Lobgesängen vor dem dunklen Schöpfer eines ungezähmten Universums zu erniedrigen, vor keiner launenhaften Gottheit der Wunder und anderem Hokuspokus; sondern um einer hochehrwürdigen anglikanischen Ersten Ursache unsere Schuldigkeit zu entrichten – einer distinguierten, zurückhaltenden, anständigen Ersten Ursache, die wir, ohne Einbuße an Selbstachtung, in geziemlicher Weise rühmen konnten.«

Ein domestizierter Gott! Für den Dogmatiker Karl Rahner hieß Glauben, die Unbegreiflichkeit Gottes auszuhalten. Möglicherweise gelingt das heute noch den wenigsten. Zudem leben wir nicht mehr in einem geschlossenen Sinnsystem, sondern in einer pluralistischen Gesellschaft, in der verschiedene sinnstiftende Systeme miteinander konkurrieren. Angesichts der komplexen Kulturen, die aufeinandertreffen, kann nicht die Alternative »Religion als Antwort auf alle Fragen« contra »Atheismus« konstruiert werden. Auch religiös aufgeschlossene Menschen wollen heute ihr Dasein auskosten, und auch jene, deren Trachten scheinbar nur auf ein annehmliches Jetzt gerichtet ist, werden sich dann und wann nach dem »Wozu?« fragen.

Die Unzufriedenheit mit den Antworten der großen Sinnanbieter und damit zusammenhängend deren Unfähigkeit, auf die Probleme der Gegenwart angemessen zu reagieren, haben zu verschiedenen Reaktionen geführt, deren Grenzen sich in der Realität freilich kaum gradlinig ziehen lassen. Will man die Religionen unserer Tage unterscheiden, so verläuft eine wichtige Grenze nicht mehr zwischen den Konfessionen und Glaubensgemeinschaften, sondern mitten durch sie hindurch: Erwartet eine Religion vor allem Unterwerfung, Pflichterfüllung und vorbehaltlose Bejahung sowohl des Dogmas als auch der ethischen Grundsätze, unabhängig von den räumlichen und zeitlichen Bedingungen oder hat sie die Befreiung des Menschen zum Ziel, sein Glück, das sich in seiner Selbstentfaltung äußert? Beide Ansätze finden sich in den meisten Religionen; beide Wege werden beschritten. Die streitbare Theologin Dorothee Sölle kämpfte gegen den autoritären Typus von Religion und setzte sich für den humanitären ein. Sie unterscheidet: »Im autoritären Verständnis von Religion ist der Mensch unfähig, die Wahrheit zu erkennen; er ist ein macht- und bedeutungsloses Wesen, das gut daran tut, seine eigene Nichtigkeit zu empfinden, seine eigene Stärke zu verleugnen. In der humanitären Religion dagegen ist Gott ein Symbol für die Eigenkräfte des Menschen, die er zu verwirklichen sucht. Der Mensch selber ist wahrheits- und liebesfähig, er lebt aus dem Gefühl des Zusammenhangs mit allen Lebewesen. Seine Grundstimmung ist Freude, nicht Kummer und Schuldgefühle.«

Die Suchenden

Die Unzufriedenheit mit den (Sinn-)Angeboten der althergebrachten Glaubenswege machen deutlich: Viele Menschen sind heute auf der Suche nach neuen Pfaden, nach Wegen, die ihre Erfahrung und ihren Alltag berücksichtigen und ihnen Antworten auf Fragen geben, die sie tatsächlich gestellt haben, und nicht, wie so oft in der Kirche, auf solche, die niemand gestellt hat. Gerade im Buchhandel hat sich für diese Menschen der Begriff »die Suchenden« durchgesetzt: Menschen, die nicht so genau wissen, was sie finden wollen, die aber neugierig sind und keine Berührungsängste mit anderen Traditionen und Religionen haben und sich daher eben aufmachen, das zu entdecken, was sie erfüllt, was ihnen einen neuen Weg aufzeigen kann.

Das Christentum wurde von seinen ersten Anhängern »der neue Weg« genannt. Und der erste Christ in Europa war übrigens eine Frau: Lydia! Sie kann für heutige Suchende so etwas wie ein Vorbild sein – oder auch zeigen, dass man im Christentum fündig werden kann, wenn man nach Sinn abseits der ausgetretenen Wege sucht!

Lydia vertraute dem, was sie von Paulus hörte. Sie ließ sich taufen, beherbergte den Apostel und seine Mitarbeiter und unterstützte ihn später finanziell. Das geschah in Philippi; der Ort liegt im Norden des heutigen Griechenland, nahe bei der Stadt Kavala. Dabei war Lydia interessanterweise keine gebürtige Europäerin, sondern eine Migrantin. Sie stammte aus Kleinasien, aus Thyatira; heute heißt diese türkische Stadt Akhisar. In der Antike war Thyatira eine Handelsmetropole, berühmt für seine Textilindustrie. Die Stadt liegt in dem Gebiet, das man Lydien nennt. Lydia nahm also den Namen ihrer Heimat an, vermutlich war sie eine freigelassene Sklavin aus Lydien. Sie machte Geschäfte als Purpurhändlerin.

Lydia musste aus ihrer Heimat Religionen gewohnt sein, in denen es sehr sinnenfreudig zuging. Sie kannte zahlreiche Göttinnen – Aphrodite, Nike, Gaia und viele andere. Nahe ihrer Herkunft lag das große Ephesus mit dem prächtigen Tempel der Artemis, der Göttin der Jagd und des Waldes, Hüterin der Frauen und Kinder; im römischen Reich nannte man sie Diana.

Aber Lydia schien in dieser Religion keine Heimat gefunden zu haben. In Philippi finden wir sie am Sabbat bei den jüdischen Frauen. Solche wie sie nannte man damals »Gottesfürchtige«; sie war keine Jüdin, hielt aber den Kontakt zur jüdischen Gemeinde. Die Juden aber glaubten an den einen Gott und nicht an viele Götter und Göttinnen. Eine Suchende ist Lydia – und in diesem Sinne ein Symbol für den modernen Menschen, für uns heute.

Am Fluss in Philippi traf sie auf Paulus. Man könnte auch sagen: Dort traf sie durch Paulus auf Jesus. Oder andersherum: Dort traf Jesus auf Lydia. Wie kam Paulus überhaupt dazu, nach Mazedonien zu gehen? Durch eine Vision! Gott rief ihn dorthin. Und wie kam Lydia dazu, den Glauben an Jesus anzunehmen? Weil der Herr ihr das Herz öffnete.

Ist Gott uns Menschen in Jerusalem oder Rom oder Taizé näher als hier in Deutschland? Spricht Gott in der Kirche eher zu uns als anderswo? Ist es nicht vielmehr so, dass wir vielleicht hier oder an anderen, sogenannten heiligen Orten offener sind für das Wort Gottes, eher bereit, es zu hören, es aufzunehmen als im Strudel unseres Lebens?

Wir denken oft, wir selbst seien die Handelnden. Dabei ist es Gott, der uns ruft – durch sein Wort. Dabei ist es Gott, der handelt – durch Menschen, manchmal auch durch uns. Sein Wort ist immer da und wartet auf unsere Ant-Wort.

Den Menschen nicht vorschreiben, was sie zu glauben haben

Von Professor Joseph Ratzinger stammt das schöne Wort: »Es gibt so viele Wege zu Gott, wie es Menschen gibt.« Leider hat er diesen Gedanken als Papst Benedikt XVI. nicht wiederholt. Doch wenn wir ernst nehmen, was er sagt, dann folgt daraus: Es gibt so viele Theologien, wie es Menschen gibt.

Neben diesen privaten Ansichten und Einsichten, Erfahrungen und Spekulationen braucht es die offizielle Theologie, die Gottesbilder sammelt und vergleicht, die ein langes Gedächtnis hat. Theologie und Kirche stehen in enger Verbindung – und Spannung, da Kirche immer zum Bewahren neigt und sich gegen die Neuerungen der Theologie oft unempfindlich oder gar abweisend verhält. Und doch kann die Kirche nicht ohne Theologie und Theologie nicht ohne Kirche sein. Alles ist im Fluss. Es braucht nur Zeit.

Vorbei sind in jedem Fall die Zeiten, da die Kirche allein die Deutungshoheit über den Glauben besaß. Trotzdem hat sie eine besondere Aufgabe, nämlich den Traditionsstrom des Glaubens fortzuführen, damit Menschen auch morgen noch glauben können. Die Kirche hat auch eine gewisse Ordnung zu bewahren; über deren Rahmenbedingungen werden wir uns auseinandersetzen müssen. Aber Kirche ist immer mehr als der Einzelne. Der Glaube darf nicht allein von meiner Tagesform abhängen, von meiner momentanen Befindlichkeit, auch nicht von meiner Verlässlichkeit, die nicht so hundertprozentig ist, wie ich das gerne hätte.

Die katholische Kirche sieht sich selbst als Mutter. Ein ziemlich schiefes Bild, denn von der Mutter sagt man sich (bei allem Respekt) als Jugendlicher los: »Ich bin schon groß!« Wer will noch an ihrem Rockzipfel hängen? Die evangelische Kirche gleicht dagegen eher einem lockeren Verbund von Individualisten, die sich auf den Weg gemacht haben, Gott zu suchen. Da wünscht sich mancher mehr Verbindlichkeit.

Mit der Reformation brach sich ein neues System von Kirche Bahn: Nicht mehr einer allein (der Papst) oder ein Gremium der Auserwählten (ein Konzil) bestimmten über den Glauben. Der Glaube wurde sozusagen demokratischer, mehr Stimmen fanden Gehör, alle sollten teilnehmen, indem sie die Bibel lesen. Dieser Prozess hat längst auch die katholische Kirche ergriffen. Gehorsam taugt als Steuerungsinstrument nicht mehr und jede abweichende Meinung als Häresie zu verurteilen, ist zu billig; man müsste bei konsequenter Verfolgung wohl die meisten Gläubigen exkommunizieren.

Kirche funktioniert nur als Gemeinschaft, als »wanderndes Gottesvolk«, wie das Zweite Vatikanum sagte, oder als evangelisches »Schiff, das sich Gemeinde nennt« – auf jeden Fall nur in Kooperation. Keiner weiß alles und niemand weiß nichts, wir sind aufeinander angewiesen. In seinem Buch »Das Evangelium der Bauern von Solentiname« berichtet Ernesto Cardenal, wie sich eine christliche Kommune in Nicaragua existenziell mit der Bibel auseinandergesetzt hat; es zeigt eindrücklich, welch tiefes Verständnis der Glaubensbotschaft bei »einfachen« Menschen vorhanden ist – eine Weisheit, die kein Theologe an der Universität studieren kann.

Ob in Solentiname oder in den Basisgemeinden auf der ganzen Welt, ob in Gesprächsgruppen traditioneller Kirchengemeinden oder in meinem Hausgottesdienstkreis in Sankt Augustin: Kirche ist ein Ort der Kommunikation. Wir tauschen uns über den Glauben aus. In solchem Miteinander gibt es kein Bestimmen mehr über den anderen, wohl aber verschiedene Zeugnisse des Vertrauens auf Gott.

Der Journalist Hartmut Meesmann verweist auf die grundsätzliche Bedeutung der Kirche, nicht als Garantin der rechten Lehre, sondern als stete Einladung, überhaupt Religion in der modernen Welt sichtbar zu machen. Laut Meesmann legt der Leiter des Sozialwissenschaftlichen Instituts der Evangelischen Kirche in Deutschland, Gerhard Wegner, dar, dass eine angeregte und anregende Auseinandersetzung mit religiösen Fragen fast nur in den Kirchen und anderen religiös orientierten Gemeinschaften erfolge. »Religiöse Kommunikation finde sich ohne Kirche so gut wie gar nicht mehr. In der Folge ende Religiosität in der Indifferenz: Alles bleibt irgendwie vage. Gott? Ja, irgendwie schon, weiß nicht so genau, vielleicht, reden wir über was anderes. Wird Religion zur reinen Privatsache, besteht die Gefahr, dass sie sich irgendwann gesellschaftlich verflüchtigt.«

Meesmann betont, es gebe keine religiöse Sonderwelt: »Religion und Alltag gehören zusammen. Doch wie sie zusammengehören, darüber könnte und sollte in den Kirchengemeinden viel mehr gesprochen werden. Erfahrungsorientiert, nicht dogmatisch. Ohne Tabus. In offenen, einladenden, gastfreundlichen Gesprächskreisen, auch außerhalb kirchlicher Räume. Wo hilft mir der Glaube? Und wie? Und worum geht es überhaupt im Glauben? Und inwiefern ist er gesellschaftlich relevant?« Er folgert: Wenn das geschähe, könnten die Kirchen vielleicht wieder interessant werden. Und bleibt skeptisch.

Nicht ohne den anderen glauben

»Wer ist ein Imam? Was soll ich mit einem Imam? Wir sind selbst Imame. Der Meister antwortete: Das ist nicht recht, was du sagst. Du bist der Imam der anderen, die anderen sind deine Imame.« Diese kleine Sinngeschichte stammt vom persischen Mystiker Tabrizi aus dem 12. Jahrhundert. Der Wunsch nach absoluter religiöser Autonomie ist also nicht neu, die Entgegnung aber auch nicht: Ganz allein kommst du im Dschungel der Religion schnell vom Wege ab, verlierst du dich im Urwald. Deswegen brauchen wir erfahrene Begleiter. Alles muss man üben im Leben, auch das Glauben. Warum auf kluge Tipps und Erfahrungen anderer verzichten? Losgehen muss dann schließlich doch jede und jeder allein.

Autoritär geführte Religionen misstrauen dem Einzelnen. Sie wollen die Masse im Griff haben, Inhalte festlegen, das Persönliche im Zaum halten. Auch dafür gibt es einen Markt, wie die nicht nachlassende Attraktivität strenger Freikirchen, der Piusbrüder oder des Opus Dei wie auch der Salafisten oder der Ultraorthodoxen belegt. Doch bleiben diese religiösen Wege Randphänomene. Die meisten Menschen suchen Freiheit und Geborgenheit im Glauben, und beides ist möglich.

Der Geist Gottes ist keine göttliche Auszeichnung für Bevorzugte, sondern eine geradezu kommunistische Gabe für alle. Hören wir den Propheten Joël: »Danach werde ich meinen Geist ausgießen über alles Fleisch. Eure Söhne und eure Töchter werden Propheten sein, Alte werden Träume haben und eure jungen Männer Visionen. Auch über Knechte und Mägde werde ich meinen Geist ausgießen in jenen Tagen« (Joël 3,1–2). Und auch beim Pfingstfest in Jerusalem ging es so zu: Alle wurden vom Heiligen Geist erfüllt.

Wenn in unseren Kirchen heute alle – vom Heiligen Geist erfüllt – selbst bestimmen, was sie glauben, dann führt das unweigerlich zu einer gewissen Unübersichtlichkeit. Das können wir bedauern, das können wir aber nicht per Dekret oder Mehrheitsbeschluss abstellen. Das müssen wir aushalten. Das können wir aushalten.

Prüft alles, behaltet das Gute – mein Plädoyer, größere Freiheit im Glauben zu wagen, ist ebenfalls nur ein Versuch, auf die Krise der Religion zu antworten. Wer wäre fähig, einen Königsweg anzubieten? Ich stimme Peter L. Berger zu, der zur Vorsicht mahnt: »Religion ist ihrem Wesen nach keine intellektuelle Unternehmung. Theologen neigen von Zeit zu Zeit dazu, dies zu vergessen ... Die Geschichte des Christentums ist nicht die Geschichte der christlichen Theologie. Es ist vielmehr die Geschichte einer bestimmten Art religiöser

Erfahrung und religiösen Glaubens. Folglich hängt die Zukunft nicht von einem theologischen Programm ab. Man muss also sehr vorsichtig sein, damit man der Versuchung widersteht, sein eigenes theologisches Programm als die eine einzige Sache zu präsentieren, die in dieser Zeit den Glauben oder die Kirche retten kann.«

Im Supermarkt der Religionen

»Die alte Themenliste der liberalen Theologie konzentrierte sich auf die Auseinandersetzung mit der Modernität. Dieses Thema hat sich erschöpft. Auf der Tagesordnung von heute steht das weit drängendere und bedrängendere Problem der Auseinandersetzung mit der Fülle menschlicher Religionsmöglichkeiten« – das behauptete Peter L. Berger schon 1979. Die Auseinandersetzung mit der Moderne kann auch grundsätzlich nicht erschöpft sein, weil sie sich weiterentwickelt. Vor 35 Jahren hatten sich religiöse Menschen beispielsweise noch nicht mit der These auseinanderzusetzen, Religion sei eine Frage entsprechender Erbanlagen, also genetisch bedingt.

Viel wichtiger finde ich jedoch das Wort von den »menschlichen Religionsmöglichkeiten«. Es besagt erstens ganz richtig, dass Religion immer eine menschliche Ausdrucksform darstellt: Wir betreiben Theologie, zeichnen heilige Schriften auf, feiern Rituale. Wie Gott dazu steht, das werden wir frühestens am Jüngsten Tag erfahren. (Und die Vorstellung, dass es einen solchen gibt, ist natürlich wiederum sehr menschlich.)

Zweitens spricht Berger klug von »Religions*möglichkeiten*«: Niemand kommt in einer weltanschaulich sterilen

Umgebung zur Welt; wir werden in religiös vorgeprägte Kulturen hineinsozialisiert. Wer in Deutschland in einer nichtreligiösen Familie aufwächst, begegnet trotzdem früher oder später dem Christentum. So werden wir also in Religionen mehr oder weniger hineingeboren, und das zufällig. Wäre ich in Istanbul zur Welt gekommen, wäre ich mit großer Wahrscheinlichkeit ein Muslim geworden, und hätte ich in Delhi das Licht der Welt erblickt, wäre ich ein Hindu, Muslim oder Sikh. Seine »Heimatreligion« zu verlassen und sich einer anderen zuzuwenden, hat es immer gegeben. Die hebräische Bibel erzählt vom »Abfall« der Israeliten vom rechten Glauben, weil sie sich fremden Göttern zuwandten, andererseits aber auch von »Heiden«, die im Judentum ihr Heil suchen. Das Christentum, der Islam und der Buddhismus sind Weltreligionen mit betont missionarischem Anspruch; prinzipiell kann jeder Mensch aufgenommen werden. Das ist bei ursprünglichen Volksreligionen wie dem Judentum oder dem Hinduismus nicht ohne Weiteres möglich.

Seit einigen Jahren sind jedoch zunehmend mehr Menschen der Ansicht, dass jeder sich eine passende Religion aussuchen, mehr noch, selbst zusammenstellen kann. Sie wollen keinen Glauben »von der Stange« in einer Konfektionsgröße, sondern einen maßgeschneiderten. Die meisten begnügen sich allerdings mit leichten Anpassungen ihres »Heimatglaubens«, denn eine ganze Kollektion an Glaubensvorstellungen, Riten und Werten selbst zu entwerfen, ist mühsam. Bei einer vormals katholischen Theologin in meinem Freundeskreis, die den Glauben der Kirche hinter sich gelassen hat und eigene Wege geht, beobachte ich voller Anerkennung ihren Entdeckermut und ihre Fantasie, wenn sie beispielsweise Frauenrituale zur großen Mutter Madron zelebriert. Doch da und dort blitzt ihre christliche Vergan-

genheit auf. Wie schön, wenn sie mit den neuen Ausdrucksformen spirituelle Erlebnisse hat.

Für die etablierten Religionen ist es ungewohnt, von den
Gläubigen wie ein Supermarkt genutzt zu werden: Die Menschen schauen, was es alles gibt, sie vergleichen, zögern
beim Kauf, reklamieren sogar, wechseln den Anbieter. Auf
diese Situation sind die Religionen kaum vorbereitet. Und
auch da hat Berger leider recht: »Es ist interessant zu beobachten, dass nur wenige christliche Theologen irgendein
Interesse an nicht-westlichen Religionen zeigen. Die christliche Theologie, ob protestantisch oder katholisch, ob liberal
oder konservativ, verhält sich so, als ob es auf der Welt nur
die jüdisch-christliche Tradition gäbe, für die der moderne
Säkularismus lediglich ein externer Gesprächspartner sei.«
Als Philippus den Natanaël einlädt, Jesus von Nazaret ken-
nenzulernen, reagiert der skeptisch: »Kann aus Nazaret
etwas Gutes kommen?« (Johannes 1, 46). So denken bis
heute viele Theologen: aus Mekka? Kann von dort etwas
Gutes kommen? Oder aus Benares? Viele »einfache« Gläubige
sind da neugieriger.

Interreligiöser Dialog

Doch selbst die Kirchen haben sich bewegt. Der Geist einer
neuen Epoche ließ die katholische Kirche nach dem Zweiten
Weltkrieg unterscheiden zwischen nichtkatholischen, nichtchristlichen und nichtreligiösen Anschauungen. Man
bemühte sich, jeweils das Verbindende zu betonen und nicht
immer wieder das Trennende in den Vordergrund zu stellen.
In der Schlussphase des Zweiten Vatikanischen Konzils
wurde mit 2221 Ja- gegen 88 Nein-Stimmen die »Erklärung

über das Verhältnis der Kirche zu den nichtchristlichen Religionen – *Nostra aetate*« angenommen. Der Verkündigung dieses Beschlusses waren zahlreiche Verzögerungen und heftige Auseinandersetzungen vorausgegangen.

Das Anliegen ging ursprünglich auf Papst Johannes XXIII. zurück, dem persönlich an einer Versöhnung der Kirche mit den Juden gelegen war. Eine erste Fassung der Erklärung richtete sich 1962 in erster Linie gegen den Antisemitismus. Sie wurde auf arabischen Druck hin zurückgezogen. Kardinal Bea erreichte 1963, dass das Thema im Rahmen der Ökumenedebatte erneut auf die Tagesordnung kam. Dagegen erhoben sich heftige Einwände; die 1964 vorgelegte, abgeschwächte Fassung fand keinen Zuspruch. Dann wurde sie thematisch um das Verhältnis zu anderen Religionen erweitert und fand 1965 die Akzeptanz der Bischöfe. Die Erklärung nennt Hinduismus, Buddhismus, Islam und Judentum und spricht mit Hochachtung von ihnen. Sie beklagt die Feindschaften vergangener Zeiten und fordert dazu auf, Missverständnisse zu beseitigen. Sie betont die besondere Verwandtschaft zu den Juden. Ausdrücklich wird darauf hingewiesen, dass man weder ausnahmslos die damaligen und schon gar nicht die heutigen Juden für den Tod Jesu verantwortlich machen kann – mit dem Vorwurf, dass die Juden »Gottesmörder« seien, hatten die Christen ihre Unterdrückung der Juden jahrhundertelang gerechtfertigt.

Diese Konzilserklärung, mit der die Kirche keineswegs ihren eigenen Glauben relativierte, endete mit dem Verweis auf die Menschenwürde und dem Aufruf, sich gegen Diskriminierung wegen Rasse, Farbe, Stand oder Religion zu wenden, weil dies dem Geist Christi entspreche. In dem Dokument heißt es: »Die katholische Kirche lehnt nichts von alledem ab, was in diesen Religionen wahr und heilig ist. Mit aufrichtigem Ernst betrachtet sie jene Handlungs- und Lebensweisen, jene Vorschriften und Lehren, die zwar in manchem von dem abweichen, was sie selbst für wahr hält und lehrt, doch nicht selten einen Strahl jener Wahrheit erkennen lassen, die alle Menschen erleuchtet.«

Das Konzilsdokument *Nostra aetate* hat der katholischen Kirche den Weg zum interreligiösen Dialog gewiesen. Regelmäßige Gespräche zwischen der katholischen Kirche und den anderen Religionen sind heute eine Selbstverständlichkeit. Eine in diesem Sinne geartete Umsetzung des Konzils ist das »Projekt Weltethos« von Professor Hans Küng, der überzeugt ist: »Kein Weltfrieden ohne Religionsfrieden!«

Der Protestantismus tat sich zunächst nicht leicht mit dieser Haltung, fürchtete eine Relativierung der christlichen Botschaft, doch mittlerweile sind die evangelischen Positionen den katholischen weitgehend angeglichen. Besonders im Dialog mit dem Judentum hat die evangelische Kirche deutlich Position bezogen: Der Bund Gottes mit Israel ist nicht gekündigt und keineswegs auf die Christen übergegangen. Das Judentum ist ein eigener Weg zu Gott, die Juden bedürfen nicht der christlichen Mission.

Die Auseinandersetzung mit dem Islam bedarf eines langen Atems, um gegenseitiges Misstrauen abzubauen. Als mir die Büchereimitarbeiterin einer Grundschule in Bonn berichtete, es seien so viele türkische Kinder in der Klasse, fragte ich: »Haben die Kinder tatsächlich einen türkischen Pass?« Nein, antwortete sie, es seien Kinder, deren Eltern oder sogar Großeltern aus der Türkei eingewandert sind. Es sind also Kinder muslimischen Glaubens, aber deutsche Muslime. Der Islam gehört zu Deutschland, wie das Christentum zur Türkei gehört (was dort bedauerlicherweise kaum anerkannt wird).

In den Medien dominiert seit Jahren ein Bild vom Islam als einer Problemreligion. Muslime werden häufig als gewalttätige Extremisten ins Bild gesetzt. Wir alle wissen: Die überwiegende Mehrheit der Muslime sind Menschen wie du und ich, die ein friedliches Leben leben wollen. Gottlob gibt es überall, dem Mainstream zum Trotz, kirchliche Initiativen, die Muslime zur Begegnung einladen oder Moscheegemeinden besuchen.

Evangelische und katholische Christen engagieren sich im interreligiösen Dialog, etwa bei der Organisation »Religions for Peace«. Dort begegnen sie Angehörigen anderer Religionen und setzen konkrete Zeichen für ein friedliches Miteinander vor Ort. Friede sprießt aus kleinen Hälmchen, und sei es die Erkenntnis, dass Deutschland kein rein christliches Land ist, wohl aber ein Land, in dem viele Christen leben. Bei uns herrscht Religionsfreiheit, also auch die Freiheit, keiner Religion anzugehören. Alle haben die gleichen Rechte. Zwei Drittel der Bevölkerung zählen sich zum Christentum (selbst wenn man das nicht recht bemerkt). Doch das andere Drittel hat auch seinen Platz.

Aus dem Vollen schöpfen –
oder: Warum Interreligiosität ein Mehr und nicht weniger ist

Der Faszinierende

»Einen Einzigen gibt es, der den Gedanken eingeben könnte. Ihn in die Nähe Jesu zu rücken: Buddha. Dieser Mann bildet ein großes Geheimnis. Er steht in einer erschreckenden, fast übermenschlichen Freiheit; zugleich hat er dabei eine Güte, mächtig wie eine Weltkraft. Vielleicht wird Buddha der Letzte sein, mit dem das Christentum sich auseinanderzusetzen hat. Was er christlich bedeutet, hat noch keiner gesagt. Vielleicht hat Christus nicht nur einen Vorläufer aus dem Alten Testament gehabt, Johannes, den letzten Propheten, sondern auch einen aus dem Herzen der antiken Kultur, Sokrates, und einen dritten, der das letzte Wort östlich-religiöser Erkenntnis und Überwindung gesprochen hat, Buddha. Er ist frei; seine Freiheit ist aber nicht die Christi. Vielleicht bedeutet sie nur eine letzte, furchtbar-ablösende Erkenntnis der Nichtigkeit der gefallenen Welt.« Zu dieser Einschätzung kommt kein Geringerer als der große katholische Theologe Romano Guardini – und das bereits 1937! In den letzten Jahrzehnten hat sich ein christlich-buddhistischer Dialog etabliert, der vor allem durch den Jesuitenpater Hugo Makibi Enomiya-Lassalle initiiert wurde. Er machte den Westen mit dem Zen-Buddhismus vertraut. Heute gehört Meditation selbstverständlich zum Angebot christlicher Akademien.

Für zahlreiche Christen, aber auch Juden, Muslime und zuvor unreligiöse Menschen stellt der Buddhismus eine echte Alternative zu den monotheistischen Religionen dar. Nur relativ wenige werden dann wirklich zu Buddhisten, die meisten haben aber einen durchweg positiven Eindruck von dieser Kultur. Einige bezeichnen den Buddhismus übrigens nicht als Religion, weil er keine Gottesverehrung lehrt, sondern eher als Philosophie. Dennoch weist der Buddhismus – vor allem in der tibetischen Version, geprägt durch den Dalai Lama – religiöse Züge auf.

»Dies ist die edle Wahrheit vom Leiden: Geburt ist Leiden, Alter ist Leiden, Krankheit ist Leiden, Sterben ist Leiden, mit Unlieben vereint sein ist Leiden, von Lieben getrennt sein ist Leiden, nicht erlangen, was man begehrt, ist Leiden. Kurz, das Verbundensein an die fünf Objekte des Ergreifens [– die da sind: physische Phänomene, Gefühle, Sinneswahrnehmung, Reaktion, Bewusstsein –] ist Leiden. Dies ist die edle Wahrheit von der Entstehung des Leidens: Es ist der die Wiedergeburt erzeugende Durst, begleitet von Wohlgefallen und Begier, der hier und dort seine Freude findet: nämlich der Durst nach Lust, der Durst nach Werden und Dasein, der Durst nach Vergänglichkeit. Dies ist edle Wahrheit von der Aufhebung des Leidens: die Aufhebung des Durstes durch restlose Vernichtung des Begehrens, ihn fahren lassen, sich seiner entäußern, sich von ihm lösen, ihm keine Stätte gewähren. Dies ist die edle Wahrheit von dem Weg, der hinführt zur Aufhebung des Leidens: Es ist dies der edle achtfache Pfad.« – Das ist die ernüchternde Daseinsanalyse des Siddhartha Gautama, des Begründers des Buddhismus. Er lebte vor mehr als 2500 Jahren als Prinz in Indien. Im Alter von 29 Jahren riss er sich von seinem reichen Elternhaus los und zog »vom Haus in die Hauslosigkeit«. Als Asket suchte er die Erleuchtung. Das strenge Fasten führte ihn zwar an den Rand des Todes, nicht aber zum gewünschten Ziel. Das erreichte er nach langen Jahren des Übens, als er ohne Zwang und Druck unter einem Baum meditierte. Hier gewann er alle Erkenntnis und wurde dadurch zum »Buddha« – dem Erleuchteten, dem aus dem Wahn »Erwachten«. »Buddha« ist seitdem ein Ehrentitel.

Der Buddha verbreitete fortan seine Lehre, die allen Menschen helfen sollte, das Leiden zu beenden. In Gesprächen, Gleichnissen und Reden vermittelte er seine Lehre des »mittleren Weges« zwischen einem Lebenswandel in Lust und Ausschweifung und einer Askese, die zur Selbstquälerei führt. Diese Lehre – »Dharma« genannt – erklärt, dass alles Tun ein Ergehen nach sich zieht. Es handelt sich um das System des »Karma«, um das Gesetz von Ursache und Wirkung. Nach Buddha kann man positives wie auch negatives Karma anhäufen. Das Karma wiederum bedingt, in welcher Form und unter welchen Bedingungen man wieder geboren wird. Dieser Prozess wiederholt sich so oft, bis das Karma jenen Zustand erreicht hat, der es dem Menschen ermöglicht, Erleuchtung zu erlangen. In der Folge kann er schließlich ins Nirwana eingehen, das Verlöschen, Verwehen. Der Weg zur Erleuchtung führt über Erlernen und Verwirklichung des Dharma.

Der Buddha begann mit einer kleinen Gruppe von Schülern; daraus ist im Lauf der Jahrhunderte eine weltumspannende Religion geworden, die überall ihre Anhänger hat, vor allem in Süd- und Ostasien. Doch in jedem Land hat der Buddhismus ein ganz eigenes Gesicht. Für manche ist der Buddha nur ein Religionsgründer, der das Rad der Lehre in Bewegung setzte und der durch intensive Meditation zu fortschreitender Erkenntnis bis zur Erleuchtung gelangte. Jeder aufrichtig Suchende hat die Möglichkeit, es ihm gleichzutun. Und so gibt es in bestimmten Traditionen auch außer dem einen historischen Gautama Buddha viele weitere Buddhas.

Jene, die das Potenzial zur Buddhaschaft haben, aber aus Mitgefühl zu den Lebewesen darauf verzichten, aus der aktuellen Wiedergeburt sofort ins Nirwana einzugehen, ihnen vielmehr hilfreich zur Seite stehen, werden Bodhisattva (Wesen der Erleuchtung) genannt. Und andere schließlich verehren den einen Buddha und die vielen Buddhas wie Götter, opfern ihnen, beten sie an, erhoffen sich von ihnen Hilfe und Beistand.

Alle Buddhisten bilden den Sangha, die Gemeinschaft der »Praktizierenden«. Sie ist vereint durch die Grundlagen ihrer Religion, die ohne einen Gott auskommt, und die die Verantwortung des Einzelnen hervorhebt. Das beinahe sprichwörtliche buddhistische Wohlwollen drückt sich in einem geläufigen Segensspruch aus: »Was immer es für Lebewesen gibt, alle ohne Ausnahme, seien sie beweglich oder unbeweglich, seien sie lang oder groß oder mittelgroß oder kurz, fein oder grob, seien sie sichtbar oder unsichtbar, seien sie fern oder nah, schon geboren oder erst nach Geburt strebend – alle Wesen sollen glücklich sein.«

Obwohl einem der Buddhismus eine Menge abverlangt, kommt er im Westen so gut an – oder gerade deswegen? Auf einer interreligiösen Tagung in Nürnberg hörte ich die Empörung deutscher konvertierter Buddhisten über den vietnamesischen Volksbuddhismus, der sich eben volkstümlich gibt: nicht intellektuell, sondern ganz alltagspraktisch, nach dem Motto: Ein Opfer im Tempel vor der Buddhastatue kann nicht schaden. Das weicht zwar von der reinen Lehre des Meisters ab, ist aber Realität der konkreten Religion. Wer besitzt die Deutungshoheit für den richtigen Buddhismus?

Das Gemeinsame finden, statt das Trennende hervorzuheben

Überall stoßen wir auf ähnliche Auseinandersetzungen, überall aber auch auf Überwinder, also auf Menschen, die die Grenzen der Religionen passieren, die kein religiöses Zuhause haben beziehungsweise überall daheim sind. Rumi notierte einmal: »Ich versuchte IHN zu finden am Kreuz der Christen, aber ER war nicht dort. Ich ging zu den Tempeln der Hindus und zu den alten Pagoden, aber ich konnte nirgendwo eine Spur von IHM finden. Ich ging zur Kaaba in Mekka, aber dort war ER auch nicht. Ich prüfte mein Herz, und dort weilte ER, als ich IHN sah. ER ist nirgends sonst zu finden.«

Warum so absolut? In meinem Herzen finde ich manchmal alles Mögliche, aber nicht Gott. Ich verstehe, was Rumi sagen will, aber ich würde es andersherum betrachten: Gott lässt sich finden am Kreuz der Christen wie auch in den Pagoden oder in Mekka. Ziel ist freilich, Gott in mein Herz aufzunehmen.

In Sachen Horizonterweiterung berichtet der Journalist Arno Widmann von einer Begegnung mit dem koreanischen Religionswissenschaftler und Gottsucher Hee Sung Keel. Der Sohn baptistischer Eltern studierte in Tübingen katholische Theologie und setzt sich seit einigen Jahren als Mitglied der Südkoreanischen Akademie der Wissenschaften mit buddhistischen Weisheitslehrern und Meister Eckart auseinander.

In der Nähe von Seoul besuchte Widmann den Gelehrten, der das Christentum hinter sich gelassen hat und zutiefst davon überzeugt ist, dass am Ende alle Religionen eine einzige sind. Diese Einheit aller Religionen habe am Anfang bestanden. Sie wieder zu erreichen, müsse unser Ziel sein, so Keel. Im Interview fügte er lächelnd hinzu: »Alpha und Omega.«

Arno Widmann schreibt: »Hee Sung Keel und sein weltumspannendes Interesse für Religion mag uns als ein Beleg für die These erscheinen, dass heute jedem von uns alle Überzeugungen zugänglich sind, dass jeder von uns aus all dem seine eigene Sicht zusammenzimmert. Aber wir sollten nicht vergessen: Syrisch-christliche Texte wurden unter anderem neben buddhistischen, konfuzianischen und taoistischen Schriften in den Höhlen in der Nähe der chinesischen Stadt Dun Huang gefunden. Sie stammen aus den Jahren 400 bis 1100 unserer Zeitrechnung. Die Welt wurde nicht erst in den letzten paar Jahrzehnten globalisiert.«

Wer den Prozess der Globalisierung der Religion nicht als Bedrohung empfindet, sondern als Chance begreift, entdeckt so viel Verbindendes. Zahlreiche Phänomene finden wir in allen Kulturen, nur die Bezeichnungen sind unerschiedlich. Wie glücklich war ich beispielsweise, als mir klar wurde, der Atman, der Lebenshauch, wie er in der indischen Philosophie heißt, ist nichts anderes als unser Heiliger Geist! Zudem gibt es dabei Neues aufzuspüren. So hat sich der aus der östlichen Weisheitslehre importierte Begriff der Achtsamkeit bei uns etabliert. Georg Lolos, ein Mann, der im Buddhismus eine neue Heimat fand, erklärte im Gespräch mit dem Journalisten Michael Aust, was ihm Achtsamkeit bedeutet: »Zum Beispiel, dass ich mir beim Teetrinken bewusst bin, dass ich mit einer Hand die Tasse hier hebe. Ich bin mir bewusst, dass ich die Gabel in der Hand halte, dass ich kaue. Ich bin die ganze Zeit anwesend und dann auch nicht mit meinen Gedanken irgendwo anders. Das Gleiche gilt, wenn man abspült oder die Toilette putzt. Man ist angehalten, mit einem Teil seiner Aufmerksamkeit immer der Atmung zu folgen.« Von genau dieser Erfahrung erzählt eine japanische Lehrgeschichte: »Nachdem Tenno seine zehn Lehrjahre durchgemacht hatte, wurde er Lehrer. Eines Tages besuchte er den Meister Nan-in. Es war ein regnerischer Tag, also trug Tenno Holzschuhe und hatte einen Regenschirm dabei. Als Tenno eintrat, sagte Nan-in zu ihm: ›Du hast doch deine Holzschuhe und deinen Regenschirm vor der Tür gelassen, nicht wahr? Sag mir, hast du den Schirm rechts von den Holzschuhen abgestellt oder links?‹ Tenno wusste keine Antwort und war verirrt. Er merkte, dass er nicht fähig gewesen war, ständige Bewusstheit zu praktizieren. Also wurde er Nan-ins Schüler und studierte weitere zehn Jahre, um so weit zu kommen, sich ständig seines Tuns bewusst zu sein.«

»Wahrheit durch Beziehung«

Ein aufrichtiger Dialog ist etwas anderes als ein netter Partyplausch. Interreligiöser Dialog ist daher auch mehr als ein Fest der Kulturen, bei dem man afrikanischen Kürbis oder thailändisches Gebäck probiert und lecker findet. Ehrlicher Austausch bedeutet, Ungewohntes und seltsam Anmutendes zunächst einfach einmal zur Kenntnis zu nehmen und sich mit den Hintergründen der Traditionen auseinanderzusetzen, offen Fragen zu stellen. Dabei taucht fast zwangsläufig auch die alte Wahrheitsfrage wieder auf. Der hinduistische Mystiker Ramakrishna forderte: »Sei niemals der Ansicht, nur du und sonst niemand besitze das Verständnis der Wahrheit und die anderen seien Narren.« Er schöpft dabei aus der Tradition des Rigveda, wo wir lesen: »Es gibt nur eine Wahrheit; die Weisen nennen sie mit verschiedenen Namen.« Der Hinduismus mit seinem Glauben an viele Götter scheint ein großes Maß an

Toleranz aufzubieten, wie auch die schöne Legende vom Elefanten beweist. Danach gab es einmal einen König in Indien. Der ließ eines Tages alle, die blind geboren worden waren, vor sich bringen. Dann beauftragte er einen Diener, ihnen einen Elefanten zu zeigen. Der Diener ließ einige den Kopf des Elefanten betasten, andere dessen Ohr, andere den Zahn, wieder andere den Rüssel, den Bauch, den Fuß, das Hinterteil, den Schwanz. Später fragte der König die Blinden, ob sie jetzt wüssten, wie ein Elefant aussehe. »Aber ja«, antworteten sie, »wir haben ihn ja betastet!« »Dann beschreibt ihn mir doch«, bat der König. Diejenigen, die den Kopf befühlt hatten, antworteten, der Elefant sehe aus wie ein Topf. Andere sagten, er sehe aus wie eine Decke, wie ein Stock, eine Wurst, ein Ballon, ein Baumstamm, eine Keule oder ein Besen. Und sie kamen ins Streiten, gingen mit Fäusten aufeinander los: »So sieht er aus!«, schimpften sie. »Nein, so!« Dem König machte das viel Vergnügen. Dann bat er um Ruhe und sprach: »So geht es uns oft: Wir glauben, etwas zu wissen, und haben doch von der Wahrheit nur einen Teil erspäht!«

Im Westen fragte man sich lange Jahrhunderte: Haben Juden, Christen oder Muslime die Wahrheit? So gestellt ist diese Frage nicht zu beantworten. Doch im Bereich der Religion bleibt diese Haltung auch deshalb heikel, weil hier die Wahrheit von heiligem Charakter ist und nur zu oft in der eignen Ausprägung Absolutheit beansprucht.

Der amerikanische Religionswissenschaftler und katholische Theologe Paul F. Knitter zeigt mit seinem Modell »Wahrheit durch Beziehung« einen Ausweg auf. Er gesteht damit jeder Religion Einzigartigkeit zu. Eine solche Einzigartigkeit kann sogar absolut genannt werden – wenn wir bereit sind, unsere Begriffe neu zu bestimmen. Jede Religion enthalte, so Knitter, etwas ihr allein, separat, eigentümlich und unbedingt Zugehöriges, sozusagen den besonderen »Be-Griff der göttlichen Wahrheit«. Die Wahrheit, die sie enthalte, sei von einzigartiger Bedeutung, sie dürfe nicht verloren gehen, meint Knitter: »Diese Einzigartigkeit kann insofern als absolut bejaht werden, als sie nach totaler persönlicher Bindung und Hingabe verlangt und universale Relevanz beansprucht. Im neuen Modell der religiösen Wahrheit gibt es jedoch eine weitere Qualität der ›absoluten Wahrheit‹: Absolutheit wird nicht durch die Fähigkeit einer Religion definiert und etabliert, andere Religionen aus- oder einzuschließen, sondern vielmehr durch ihre Fähigkeit, sich auf andere zu beziehen, in echtem Dialog mit ihnen zu sprechen und ihnen zuzuhören. Je mehr mich die Wahrheit meiner Religion für andere aufschließt, desto mehr kann ich sie als absolut bejahen. Das neue Wahrheitsmodell verlangt zugegebenermaßen, dass wir die herkömmliche Sprache dehnen und mit neuen Sinngehalten auffüllen.«

Knitter ist sich bewusst, die von dem neuen Wahrheitsmodell geforderte Beziehung zu anderen werde nicht immer reibungslos und friedlich sein. Sie solle aber nicht vor Herausforderung und Korrekturen zurückschrecken und sich nicht scheuen, den Partnern zu sagen, worin sie deren Irrtümer sähen. Paul Knitter wagt sich weit vor, doch das große Ziel verlangt solchen Mut: »Dieses Geheimnis ist stets als namenloses und unbestimmbares, uns nicht zur Verfügung stehendes Etwas gegenwärtig. Gemäß dem neuen Wahrheitsmodell wird eine einzigartige und absolute Religion nicht auf dem absolut sicheren, endgültigen und unwandelbaren Besitz der göttlichen Wahrheit begründet werden müssen, sie wird vielmehr in einer authentischen Erfahrung des Göttlichen verwurzelt sein, die einen sicheren Standort verleiht und

Ausgangspunkt für die Fortsetzung der furchterregenden und faszinierenden Reise – gemeinsam mit anderen Religionen – zur unerschöpflichen Fülle der göttlichen Wahrheit ist.«

Die Verwandtschaft der Religionen und ihre gemeinsamen Wurzeln bringt die kleine Anekdote des persischen Mystikers Tabrizi wunderbar auf den Punkt: »Der Torhüter fragte: Wer bist du? Er sagte: Das ist schwer zu beantworten, lass mich nachdenken. Nach einer Weile sagte er: Vor langer Zeit lebte ein großer Mann, sein Name war Adam. Ich bin eines seiner Kinder.«

Anachronismus Ökumene

Das Fremdwort »anachronistisch« kann man mit »unzeitgemäß« übersetzen. Es gibt Themen, deren Zeit ist definitiv abgelaufen: Sollen Frauen gleiche Rechte haben wie Männer? – Das brauchen wir nicht mehr zu diskutieren, wenngleich die hundertprozentige Umsetzung immer noch auf sich warten lässt.

Als ähnlich vorgestrig empfinde ich die klassische Ökumene, die in dicken Dokumenten Verbindendes und Trennendes der Kirchen beschreibt und würdigt. Bei offiziellen Anlässen begegnen sich Amtspersonen beider Seiten mit Takt und Höflichkeit und tun einander nicht weh (immerhin!), sind aber auch froh, wenn diese unnatürliche Situation ein Ende hat und man wieder ungestört in eigenen Bahnen dahinglauben kann.

Schon vor zweihundert Jahren hat der Schriftsteller Johann Peter Hebel in seiner Geschichte »Die Bekehrung« von zwei Brüdern erzählt: Einer konvertiert vom lutherischen zum katholischen Glauben, daraufhin entzweien sich die beiden, finden aber wieder zueinander und versuchen sich gegenseitig von ihrer jeweils anderen Position zu überzeugen. Das gelingt so vortrefflich, dass der Katholik wieder lutherisch wird, der Lutheraner aber katholisch. Wie damals üblich, gibt Hebel am Ende dem Leser eine Moral mit auf den Weg: »Merke: Du sollst nicht über die Religion grübeln und tüfteln, damit du nicht deines Glaubens Kraft verlierst. Auch sollst du nicht mit Andersdenkenden darüber disputieren, am wenigsten mit solchen, die es ebenso wenig verstehen als du, noch weniger mit Gelehrten, denn die besiegen dich durch ihre Gelehrsamkeit und Kunst, nicht durch deine Überzeugung. Sondern du sollst deines Glaubens leben und, was gerade ist, nicht krumm machen. Es sei denn, dass dich dein Gewissen selbst treibt zu schanschieren (wechseln).«

Meinetwegen soll über solche Fragen diskutieren, wer will, und da scheint immer noch ein immenses Bedürfnis zu bestehen. Manches ist nur eine Frage der Information, da geht es um Wissen, das man sich aneignen kann. Entscheidend aber ist, ob man das Fremde erst einmal als fremd wahrnimmt, als irgendwie bedrohlich – oder ob man dem Unbekannten offen begegnet.

In einer Dortmunder Kirchengemeinde traf ich beispielsweise erst unlängst auf das schier unausrottbare Vorurteil: »Bei den Katholiken steht das Alte Testament auf dem Index!« Soll man lachen oder weinen über diesen Unsinn? Im Gespräch kann dann die eine oder andere Befangenheit ausgeräumt werden. Doch wozu Vorwürfe machen, wenn man echte Fragen stellen kann?

»Ich werde mit der Heiligenverehrung nie meinen Frieden machen«, begann eine Teilnehmerin ihren Beitrag. Ich bat sie, vielleicht einmal einen Katholiken zu fragen: »Sag mal, wie kann man das verstehen, wenn katholische Christen von den Heiligen sprechen?« Auf der anderen Seite gibt es noch immer das katholische Entsetzen darüber, wie Evangelische mit übrig gebliebenem Abendmahlswein umgehen. Vom Kelch, an dem schon drei Dutzend Menschen genippt haben, möchte niemand mehr trinken. Also gibt in vielen Kirchengemeinden die Küsterin den restlichen Wein ins Gras. Doch auf dem Hintergrund protestantischen Sakramentsverständnisses relativiert sich die Empörung schnell wieder.

Theodor Fontane schrieb im Februar 1852 während eines Aufenthaltes in Aachen in einem Brief an seine Frau folgende hinreißend polemische Beobachtung über den Katholizismus: »Ich verschließe mich nicht gegen das Großartige seiner Organisation, nicht gegen die Herrscherweisheit, die aus seinen Institutionen spricht, nicht gegen die Hoheit und Heiligkeit gewisser Schöpfungen und ihrer Grundprinzipien; ich gebe auch zu, dass aus dem Albernsten und Abgeschmacktesten immer noch ein Teilchen schöner, heiliger Ernst – sei's auch nur mit der Nasenspitze – hervorguckt. Aber das Ganze, wie's daliegt, ist doch nur eine große Volksverdummungs-, im günstigsten Falle eine klug eingerichtete Volksbeherrschungs-anstalt, und hat nur deshalb ein Recht, zu sein, weil die große Masse zu allen Zeiten dumm und unselbstständig gewesen ist und der Katholizismus aus diesem Grunde sich schmeicheln darf, ›einem tiefgefühlten Bedürfnis gründlich abzuhelfen‹. Der Glanz- und Höhepunkt des Ganzen ist für mich die künstlerische Seite – worunter ich die Pracht der Kirchen und Dome, die Meisterwerke der Malerei an den Wänden und das oft Bezaubernde der geistlichen Musik verstehe. Von dem Moment an, wo der Klerus aufmarschiert und teils mit alten, mumienhaften, teils mit fanatisch-brutalen, am meisten aber mit stupiden, langweiligen und selbst gelangweilten Gesichtern seine Litaneien herunterplärrt, ist alle Illusion gestört ...«

Dieses Zitat (dessen Kenntnis ich Stephan Bitter verdanke) ist unterhaltsam, aber für die Bewertung der katholischen Glaubensvariante von heute nicht mehr zu gebrauchen. Vorurteile sollten ab und zu auf den neusten Stand gebracht werden! Fontane meinte, wer »ein Stück himmlischer Freiheit gekostet« habe, könne nur im Protestantismus finden, was er brauche. Der Schriftsteller war sich damals aber ebenso sicher, die Menschheit werde auch mit dem Protestantismus nicht abschließen und ihn überwinden.

Über die innerchristliche Ökumene habe ich mich schon an anderer Stelle ausführlich geäußert. Als Konvertit kenne ich beide großen Kirchen. Ich bin im Haus des Glaubens in ein anderes Zimmer gegangen, aber es bleibt das gleiche Haus. Mit meinem Evangelischwerden habe ich das Katholische in mir nicht aufgegeben. Ich möchte alles prüfen und das Beste behalten. Und unsere eine Kirche mit ihren vielen Konfessionen biete so viel Gutes! Die evangelische Kirche ist mein Platz, der Katholizismus inspiriert mich, ich nutze die Losungen der Herrnhuter Brüdergemeine, genieße das Schweigen der Quäker, bewundere die Sozialarbeit der Heilsarmee, freue mich an der geistlichen Musik der Anglikaner, schätze die Lebendigkeit der Freikirchen und liebe die Ikonen der Orthodoxie.

Für einen Beitrag über Ökumene entwarf ich einmal das Wortspiel von den »Kathostanten und Proteliken«; der Redakteur riet davon ab, das klinge nach »Kastraten und Proleten«. Außerdem geht es ja nicht um Vermischung oder Vereinigung, sondern um Barrierefreiheit, wenn man so will. Bleibe evangelisch, bleibe katholisch, bleibe, was auch immer du bist, aber nimm von den anderen mit, was dir guttut. Warte nicht auf kirchenamtliche Erlaubnis oder Aufforderung. Tu einfach!

»Gott ist größer als unser Herz«

Wir sprechen von der Muttersprache und dem Vaterland. Will sagen: Wir werden nicht in eine *tabula rasa* hineingeboren, sondern in eine bestimmte Gesellschaft hineinsozialisiert. Dieser Prozess prägt lebenslänglich. Weltbild und Werte, die man uns anerzogen hat, die wir einfach aufgesogen haben als Normalzustand, Moral und Normen, Gepflogenheiten und Gewohnheiten – mit all dem müssen wir umgehen, ob wir die Dinge übernehmen, variieren oder uns dagegen auflehnen. Herkunft hinterlässt Spuren. Im Ausland spüre ich schnell, wie deutsch ich bin, wenn ich mit anderen Auslegungen von Pünktlichkeit oder Sauberkeit konfrontiert werde. In Indien spüre ich auch, wie christlich ich bin. Und doch gibt es keinen einmal abgeschlossenen Entwicklungsprozess. Wir lernen und reifen und entdecken die Welt nicht nur bis zu einem gewissen Punkt, nach dem nichts mehr weiter kommt. Dieser Prozess hört nie auf, allein deshalb, weil wir sogar hinter der Schwelle des Todes noch Unbekanntes erleben werden. Doch schon in diesem Leben scheint es mir angebracht, den metaphysischen Provinzialismus zu überwinden. Die Welt der Religionen ist groß. Die Gefahr, sich darin zu verlieren, schätze ich gering ein. Wer nach Afrika aufbricht, sollte sich vorher über Umgangsformen informieren, sich impfen und die nötige Vorsicht walten lassen, die eine solche Reise erfordert. Wer andere Religionen erkundet, sollte ähnlich vorgehen.

Nach dem Zweiten Weltkrieg haben die Großmächte in West und Ost mächtigen Einfluss auf die Deutschen ausgeübt, sogar das Land gespalten. Und doch sind wir Deutsche geblieben, sind weder Amerikaner noch Russen geworden, auch wenn wir einiges aus diesen Kulturen in unseren Lebensstil integriert haben. So wird auch das Christentum Elemente aus anderen Religionen aufnehmen, umdeuten, bearbeiten, in sein Muster einweben.

Der Synkretismus ist meiner Ansicht nach eine Chance für das Christentum. Wir müssen uns allerdings von einer Versorgungsmentalität verabschieden: Die Kirche als Anstalt, die Glauben verteilt wie eine Armenspeisung, hat ausgedient. Wir kochen zusammen. Bindet euch die Schürzen um! Eigeninitiative ist gefragt.

Ich gestehe, die sprachlichen Bilder purzeln durcheinander. Mir kommt es auf die Bewegung an. Wir Christen sind vertraut mit dem Bild des Weges. Wir pilgern Gott entgegen – durch diese Zeit, in dieser Welt, unter diesen Randkoordinaten unserer Existenz. Dazu brauchen wir Courage. Die moderne Mystikerin Madeleine Delbrêl ermutigt uns:

Brecht auf ohne Landkarte.
Geht in euren Tag hinaus ohne vorgefasste Ideen,
ohne die Erwartung von Müdigkeit,
ohne Plan von Gott, ohne Bescheidwissen über ihn,
ohne Enthusiasmus,
ohne Bibliothek –
geht so auf die Begegnung mit ihm zu.
Brecht auf ohne Landkarte –
und wisst, dass Gott unterwegs zu finden ist,
und nicht erst am Ziel.
Versucht nicht, ihn nach Originalrezepten zu finden,
sondern lasst euch von ihm finden
in der Armut eines banalen Lebens.

Wenn wir erst einmal aufgebrochen sind, verlieren wir die Angst und gewinnen Geschick im Umgang mit dem Unbekannten. Wir prüfen alles und behalten das Gute – und werden viel Gutes finden! Doch bestimmt werden wir auch vieles verlieren, ein Stück Voreingenommenheit zum Beispiel.

»Du bist der Eine, der Einzige, du bist der, den es gab von Anfang an, du bist der Schöpfer des Himmels und der Erde, der alles, was da ist, mit Leben füllt.« Wer betet so? Der Koran? Könnte durchaus sein, doch dieser Lobpreis stammt aus dem alten Ägypten.

»Alle Liebe dieser Welt ist auf Eigenliebe gebaut. Ließest du die Eigenliebe, so ließest du leicht die ganze Welt.« Spricht das ein hinduistischer Heiliger? Könnte sein, aber diesen Ausspruch hat der christliche Mystiker Meister Eckhardt getan.

»Verlasst euch nicht auf Gewalt!« Das ist bestimmt eine Weisung des Buddhas! Natürlich sieht er das genauso, aber diesen Vers finden wir in den Psalmen des Volkes Israel (62, 11).

»Gott, mein Freund, ich bitte dich um diese Gnade: Vergiss mich nicht! Ich bin schwach von Geist, weiß nichts, noch zeige ich Liebe für dich. Du verlässt niemanden, den du unter deinen Schutz genommen hast.« Ein Bekenntnis von Teresa von Ávila? Man könnte überrascht sein: Es war Mahatma Gandhi!

»Wer Menschen überwindet, hat Kraft. Wer sich selbst überwindet, ist stark.« Ein Ausspruch Jesu aus dem Johannesevangelium? Nicht ganz, sondern ein Zitat aus dem Dao-de-Jing von Lao Zi.

»Gott, du bist mein Vater, du bist meine Mutter. Jetzt werde ich schlafen unter deinen Füßen, unter deinen Händen. Morgen ist wieder ein Tag. Morgen kommt wieder das Sonnenlicht. Ich weiß nicht, was dann sein wird.« Was klingt, wie Teil einer zeitgenössischen Abendliturgie, ist ein Gebet der Sioux-Indianer.

»Auf und macht die Herzen weit, euern Mund zum Lob bereit! Gottes Güte, Gottes Treu sind an jedem Morgen neu.« Das könnte nun wirklich in fast jeder Religion gebetet werden. Ist aber ein Lied aus dem Evangelischen Gesangbuch (Nr. 454), übrigens zu einer sehr hübschen chinesischen Melodie, die einmal im Tempelkult erklang.

Die großen Themen sind universell. Die großen Gedanken setzen sich durch. Sie haben alle Platz in unserem Christentum. Glaube ist wie ein Mosaik: Er besteht aus ungezählten Einzelteilchen. Geht man zur Betrachtung zu nah heran, erkennt man nur unförmige Steinchen und Fugen dazwischen. Erst mit dem richtigen Abstand präsentiert sich das Bild in seiner ganzen Pracht.

Die Frage nach »richtig« und »falsch« im Glauben wird nicht totzukriegen sein, weil manche sich erst wohlfühlen, wenn sie sich auf der sicheren Seite wähnen. Aber diese Fantasie trügt. Ich plädiere daher für ein radikales Umdenken im wahrsten Sinn des Wortes: »radikal« kommt vom lateinischen Wort *radix*, Wurzel. Wenn wir von der Wurzel her die Religion betrachten, dann sehen wir: Es geht um Fragen, die alle Menschen zu allen Zeiten gestellt haben. Nur sind die Antworten unterschiedlich ausgefallen. Dass wir als Christen genau die richtigen und womöglich noch allein die richtigen haben, bloß weil wir zufällig ins Christentum hineingeboren wurden, kann kaum überzeugen. Überwinden wir also die Furcht vor der globalisierten Religion. »Worum geht es der Religion?«, fragt der brasilianische Theologe Rubem Alves und gibt selbst Antwort: »Wir dürfen uns durch den Überschwang der Symbole und Gesten von nah und fern, von gestern und heute nicht verwirren lassen; das Thema der Melodie ist immer dasselbe; es sind Variationen über ein vorgegebenes Thema. Die Religion spricht über den Sinn des Lebens: dass es sich lohne zu leben und dass man glücklich werden könne und lächeln dürfe. Was die Religionen insgesamt fordern, ist nichts weiter als eine Reihe von Vorschlägen für das Glück. Hier liegt der Grund, weshalb die Menschen trotz aller wissenschaftlichen Kritik an der Religion nach wie vor von ihr fasziniert sind. Die Wissenschaft versetzt uns in eine eisige und mechanische Welt, die zwar mathematisch stimmt und technisch verbessert werden kann, der es jedoch an menschlicher Bedeutung fehlt und die von unserer Liebe nicht angerührt wird. Treffend sagt Max Weber, die bittere Lektion, die einen die Wissenschaft lehre, sei, dass man den Sinn des Lebens nicht durch eine noch so vollkommene wissenschaftliche Analyse finden könne. Aus dem Paradies sind wir zwar vertrieben worden, aber Reste der Frucht der Erkenntnis haben wir dennoch in Händen ...«

Die Erfahrung zeigt: Je näher wir dem kommen, was wir als das Göttliche erleben, desto mehr relativieren sich unsere Erkenntnisse. Ein »Wissen« über Gott gibt es nicht, nur ein Glauben. Glaube ist ein flüchtiges Gut.

Sagte der Mönch: »Woher kommen diese Berge und Flüsse und die Erde und die Sterne?« Sagte der Meister: »Woher kommt deine Frage?« Gut wäre es, zu lernen, mit offenen Fragen zu leben. Fragen dürfen wir stellen. Doch bei den Antworten sollten wir vorsichtig sein.

Nebenbei bemerkt: Je intensiver die Glaubenserfahrung, desto weniger dogmatisch äußern sich die Glaubenden. Christoph Blumhardt, evangelischer Pfarrer und Dichter, hat erkannt: »Machen wir einen Menschen froh, so ist das viel wichtiger, als wenn wir viele bekehren. Froh machen: Das ist Gott die Ehre geben; das ist Friede auf Erden und den Menschen ein Wohlgefallen bringen.«

Der litauische Klappaltar

In einem Bastelladen in Klaipeda, der ehemaligen Stadt Memel, stieß ich vor Jahren auf ein passendes Symbol für meinen Glauben: Ich fand einen kleinen, dreiflügeligen Klappaltar aus Holz zum Selbstbemalen. Ich beließ ihn aber in seinem natürlichen Zustand. Man sieht so nur die Maserung. Will sagen: Wie gern möchte ich mir ein Bild von Gott machen. Ein Bild tröstet, ein Bild hilft. Aber es engt auch ein. Es legt fest. Ich will Gott nicht festlegen auf mein Bild von ihm. Ich will aushalten, dass er anders ist.

Das Gegenstück zum Bilderverzicht ist das Schweigen. Zu viele Aussagen über Gott, zu viele Bestimmungen. Die Mystiker lehren uns die Leere: Geh nicht mit vorgefertigter Meinung auf Gott zu. Setz dich hin und warte, bis er zu dir kommt. Schweigen ist international. Schweigen ist interreligiös. Die Leere der Stille kann sich füllen mit einer unhörbaren Symphonie des Glaubens. Das Schweigen braucht Übung und eignet sich nicht für Menschen, die mal schnell ihre religiösen Bedürfnisse befriedigen wollen. Gottesbeziehung braucht wie alle Beziehungen Ausdauer und Geduld.

Weil ich aber ein schwacher Mensch bin, brauche ich auch Bilder – ganz konkrete und auch sprachliche. Ich brauche Symbole und Riten, Lieder, Gebete und Gottesdienste, Wallfahrten und Vorbilder, mitunter sogar Kitsch. Na und? Dann nutze ich diese Sachen eben als Krücke, oder – um

Bild zu bleiben – als Wanderstab. Was ich meine, beschreibt der griechische Schriftsteller Nikos Kazantzakis in einer kleinen Szene eindrücklich: »Wir hielten vor einem kleinen türkischen Kloster, in dem Derwische lebten, die jeden Freitag tanzten. Das grüne Bogentor zeigte auf dem Türbalken eine bronzene Hand – das heilige Zeichen Mohammeds. Wir traten in den Hof. Aus einer Zelle kam ein Derwisch auf uns zu; er legte grüßend die Hand auf Brust, Lippen, Stirn. Wir setzten uns.

Der Derwisch sprach von den Blumen, die wir rundum sahen, und vom Meer, das zwischen den spitzen Blättern des Lorbeerbaumes blitzte.

Später begann er, über den Tanz zu sprechen. ›Wenn ich nicht tanzen kann, kann ich nicht beten. Ich spreche durch den Tanz zu Gott.‹

›Was für einen Namen gebt Ihr Gott, Ehrwürden?‹

›Er hat keinen Namen‹, antwortete der Derwisch. ›Gott kann man nicht in einen Namen pressen. Der Name ist ein Gefängnis, Gott ist frei.‹

›Wenn Ihr ihn aber rufen wollt? Wenn es notwendig ist, wie ruft Ihr ihn?‹

›Ach‹, antwortete er. ›Nicht: Allah. Ach! werde ich ihn rufen.‹

Ich erbebte. ›Er hat recht‹, murmelte ich.«

Ja, er hat recht. Der Gott, an den ich glaube, lässt uns unsere Religionen, diese mannigfachen Perspektiven auf ihn. Der Himmel – als Sinnbild für den Ort Gottes – ist bunt. Die vielen Religionen sind einfach unterschiedliche Wege, die Welt zu verstehen, das Dasein zu gestalten, das Geheimnis Gottes zu ergründen. Viele Wege, die jedoch ein Ziel gemeinsam haben: ein gutes Leben auf dieser Erde und Erfüllung in der Zukunft, in der Ewigkeit, ohne Raum und Zeit.

Und wie der Himmel über uns verschiedene Farben hat – zartes Rosa beim Sonnenaufgang, Blau wie das Meer am Mittag, Gold, Lila, Grau und Grün gemischt bei Sturm und Regen, feuergleiches Orange beim Sonnenuntergang –, so ist auch der Himmel Gottes bunt.

Himmel, das ist die Luft über uns. Himmel nennen wir aber auch den Zustand, ganz nahe bei Gott zu sein. Ich bin überzeugt, dass die unterschiedlichen Wege der verschiedenen Religionen eines Tages auf einen einzigen zusammenführen werden. In meiner christlichen Tradition bauen wir auf die fantastische Vision des Propheten Jesaja: »Bereiten wird der Herr der Heerscharen allen Völkern auf diesem Berg ein Festmahl mit fetten Speisen, ein Mahl mit alten Weinen, mit markigen, fetten Speisen, mit alten erlesenen Weinen! Auf diesem Berg nimmt er die Hülle weg, die auf allen Völkern liegt, und die Decke, die über allen Nationen ausgebreitet ist. Er vernichtet den Tod auf immer, Gott, der Herr, wischt ab die Tränen von jedem Angesicht und nimmt seines Volkes Schmach hinweg von der ganzen Erde. Ja, der Herr hat gesprochen. An jenem Tag wird man sagen: Seht, das ist unser Gott, auf den wir hofften, dass er uns hilft, das ist der Herr, auf den wir hoffen. Lasst uns jubeln und uns freuen über seine Hilfe« (Jesaja 25, 6–9).

Keine Hierarchie mehr zwischen den Nationen und Völkern, kein Tod mehr. Ein Fest für alle! Und bester Wein zu feinen Speisen. Wir halten Mahl miteinander. Keine Tränen mehr, kein Tod, keine Angst, alle werden satt an der Gegenwart Gottes und glücklich sein, ohne Anfang und Ende. Halleluja, da will ich hin.

Zitatnachweis

Seite 16: Dachsel, Joachim: in: Redaktion Andere Zeiten (Hg.): Der andere Advent 2013/14, Hamburg, 2013. S. vom 30.12.2013

Seite 25: Berner, Ulrich: Artikel Synkretismus; in: Hubert Cancik, Burkhard Gladigow, Karl-Heinz Kohl (Hg.): Handbuch religionswissenschaftlicher Grundbegriffe. Band V. Verlag W. Kohlhammer, Stuttgart 2001. S. 145

Seite 36f: Schmiedel, Michael: Persönliche religiöse Konstruktsysteme und religiöse Lehren. Lit-verlag, Münster 2014. S. 88f

Seite 39: Morus, Thomas: Utopia. Büchergilde Gutenberg, Frankfurt 1986. S. 158f

Seite 44f: Koranyi, Max: Johannes – der Überflieger. Das andere Evangelium; Werkblatt der Katholischen Landvolk Bewegung Deutschland, 5/2013, Bad Honnef 2013. S. 9f

Seite 45: Schmiedel, Michael: a. a. O., S. 17

Seite 47: Rorty, Richard: Kontingenz, Ironie und Solidarität. Frankfurt am Main 1989. S, 24f

Seite 47: Dąbrowski, Tadeusz: Die Welt spricht. In: Philipp Harnoncourt, Birgit Pölzl, Johannes Rauchenberger: 1+1+1=1 Trinität. Edition Korrespondenzen, Wien 2011. S. 45

Seite 53: Augustinus, Aurelius: De trinitate. Buch X, Kapitel 10, Abschnitt 14

Seite 53: Descartes, René: Prinzipien der Philosophie. Kapitel 1: Über die Prinzipien der menschlichen Erkenntnis, Abschnitt 7

Seite 54: Crescenzo, Luciano de: Lob des Zweifels. Wilhelm Goldmann Verlag, München 1996. S. 9f

Seite 55f: Smith, Logan Pearsall: Trivia. Prosastücke und Aphorismen. Manesse Verlag, Zürich 1997. S. 157

Seite 57f: Gronemeyer, Marianne: das Leben als letzte Gelegenheit. Wissenschaftliche Buchgesellschaft, Darmstadt 1998. S. 37

Seite 60: Cioran, E.M.: Cahiers 1957–1972. Suhrkamp, Frankfurt am Main 2001. S. 230

Seite 61f: Kehl-Kochanek, Christel: Rechte bei der Autorin

Seite 64: Gospodinov, Georgi: Gott, Großmutter und die heilige Kindheit; in: Philipp Harnoncourt, Birgit Pölzl, Johannes Rauchenberger: 1+1+1=1 Trinität. Edition Korrespondenzen, Wien 2011. S. 105

Seite 65f: Halter, Jürg: Wir fürchten das Ende der Musik. Gedichte. Wallstein Verlag, Göttingen 2014. S. 10

Seite 67: Monod, Jacques: Zufall und Notwendigkeit; nach: Leszek Kolakowski: Falls es keinen Gott gibt. Gütersloher Verlagshaus, Gütersloh 2008. S 70

Seite 68: Walser, Martin: Über Rechtfertigung, eine Versuchung. Rowohlt. Reinbek 2013. S. 81

Seite 69: Schmidt, Janek: Jubeln ohne Gott; in: Die Zeit, Hamburg 20. Oktober 2013

Seite 69: Berger, Peter L.: Der Zwang zur Häresie. Religion in der pluralistischen Gesellschaft. Verlag S. Fischer, Frankfurt am Main 1980. S. 198

Seite 71: Albus, Michael: Geh und du wirst sehen. Butzon & Bercker, Kevelaer 2012. S. 120

Seite 74: Vattimo, Gianni: Die Spur der Spur; in: Die Religion. Hg. von Jacques Derrida und Gianni Vattimo. Edition Suhrkamp Frankfurt am Main 2001, S. 108

Seite 96: Fromm, Erich: Psychoanalyse und Religion. Deutscher Taschenbuch Verlag, München 1985. S. 50f

Seite 111: Borchert, Wolfgang: Draußen vor der Tür. In: Das Gesamtwerk. Büchergilde Gutenberg, 1991. S. 149

Seite 111: Spong, John Shelby: Warum der alte Glaube neu geboren werden muss. Patmos Verlag, Düsseldorf 2006

Seite 112: Schillebeeckx, Edward: Ich höre nicht auf, an den lebendigen Gott zu glauben. Echter Verlag, Würzburg 2006. S. 60f

Seite 115: Marti, Kurt: Gott im Diesseits. Radius Verlag, Stuttgart 2005. S. 27f

Seite 118: Rumi, Jalaluddin: Die Sonne von Tabriz. Fischer Taschenbuch Verlag, Frankfurt am Main 1997. S. 19

Seite 122: Klauck, Hans-Josef: Herrenmahl und hellenistischer Kult. Aschendorff Verlag, Münster 1982. S. 365

Seite 123f: Morus, Thomas: a. a. O., S. 186

Seite 138: Saint-Exupéry, Antoine de: Der kleine Prinz. Karl Rauch Verlag, Düsseldorf 1979. S. 51

Seite 152: Rebmann, Andreas: nach: http://www.wunscherfüllungskarten.de/Wuensche-richtig-formulieren.php

Seite 160f: Whitehead, Alfred North: Wie entsteht Religion? Suhrkamp Verlag, Frankfurt am Main 1990. S. 31

Seite 163: Erasmus von Rotterdam; in: Buch der Reformation. Bearbeitet und herausgegeben von Detlef Plöse und Günter Vogler. Union Verlag Berlin [Ost], 1989. S. 125

Seite 170: Fuchs, Otmar nach Hartmut Meesmann: Gerechtigkeit für die Opfer; in: Publik Forum vom 12.09.2014. S. 28

Seite 173: Berger, Peter L.: Auf den Spuren der Engel, Verlag S. Fischer, Frankfurt am Main 1970, S. 79f

Seite 176: Cardenal, Ernesto: Das Buch der Liebe. Peter Hammer Verlaq, Wuppertal 1991

Seite 180: Parra, Nicanor: Umbenennungen; in: Michi Strausfeld (Hg.): Dunkle Tiger. S. Fischer Verlag, Frankfurt am Main 2012. S. 51/53

Seite 181: Wilke, Annette: Säkularisierung oder Individualisierung der Religion; in: Zeitschrift für Religionswissenschaft. De Gruyter, München 2013, Band 21, Heft 1

Seite 182: Glück, Alois: Bericht zur Lage. Vollversammlung des ZdK am 26./27. April 2013 in Münster; in: Berichte und Dokumente. Hg. vom Zentralkomitee der deutschen Katholiken.

Seite 186f: Smith, Logan Pearsall: a. a. O.; S. 98f

Seite 188: Sölle, Dorothee: Die Hinreise. Kreuz Verlag, Stuttgart 1975

Seite 192: Cardenal, Ernesto: Das Evangelium der Bauern von Solentiname. Peter Hammer Verlag, Wuppertal 1991

Seite 192f: Wegner, Gerhard; nach: Hartmut Meesmann: Gefährliche Sogwirkung; in: Publik-Forum vom 29.08.2014. S. 10

Seite 193: Meesmann, Hartmut. Gefährliche Sogwirkung; in: Publik-Forum vom 29.08.2014. S. 10

Seite 194f: Berger, Peter L.: Der Zwang zur Häresie. Religion in der pluralistischen Gesellschaft. Verlag S. Fischer, Frankfurt am Main 1980. S. 202

Seite 195: ebd, S. 197

Seite 197: ebd, S. 179

Seite 198f: Nostra aetate. Erklärung über das Verhältnis der Kirche zu den nichtchristlichen Religionen; in: Karl Rahner und Herbert Vorgrimler: Kleines Konzilskompendium. Herder Verlag, Freiburg 1985 (18. Auflage), S. 356

Seite 201: Guardini, Romano: Der Herr. Werkbund-Verlag, Würzburg 1957. S. 381

Seite 206: Widmann, Arno: Die göttliche Natur des Menschen. Ein Besuch bei dem koreanischen Religionswissenschaftler und Gottsucher Hee Sung Keel; in: Frankfurter Rundschau vom 31.5./1.6.2014

Seite 206: Lolos, Georg, nach: Michael Aust: Achtsamkeit auch beim Griff zur Teetasse; in: Rhein-Sieg-Rundschau vom 2.6.2014

Seite 209f: Knitter, Paul F.: Ein Gott – viele Religionen. Kösel, München 1988. S. 176f

Seite 212f: Fontane, Theodor: in: Tagebücher. 1852; 1855–58; 1866–82; 1884–98. Aufbau-Verlag, Berlin 1994

Seite 215: Delbrêl, Madeleine: nach: Andrea Kett und Hildegund Keul (Hg.): Du gibst meinem Leben weiten Raum. Schwabenverlag, Ostfildern 2011

Seite 217f: Alves, Rubem: Was ist Religion. Pendo Verlag, Zürich 1985. S. 114

Seite 219: Blumhardt, Christoph: nach: Gott muss ein Visavis auf Erden haben. Verlag am Eschbach, Eschbach 1981. S. 85

Seite 220: Kazantzakis, Nikos: Im Zauber der griechischen Landschaft. Ullstein, Berlin 1996